ponha fogo em seu coração

Enrique Villarreal Aguilar

ponha fogo em seu coração

Tradução de
FABIANA CAMARGO

EDITORA RECORD
RIO DE JANEIRO • SÃO PAULO

2003

CIP-Brasil. Catalogação-na-fonte
Sindicato Nacional dos Editores de Livros, RJ.

V775p   Villarreal Aguilar, Enrique
      Ponha fogo em seu coração / Enrique Villarreal
      Aguilar; tradução Fabiana Camargo. – Rio de Janeiro:
      Record, 2003.
      224p.

      Tradução de: Un espacio en tu corazór
      ISBN 85-01-06698-2

      1. Pensamentos mexicanos. I. Camargo, Fabiana. II.
      Título.

                                                                                             CDD – 866.99213
03-1100   CDU – 821.134.2(72)-3

Título original espanhol
UN ESPACIO EN TU CORAZÓN

© Enrique Villarreal Aguilar, 2001

Capa: Porto + Martinez

Direitos exclusivos de publicação em língua portuguesa somente para o Brasil
adquiridos pela
DISTRIBUIDORA RECORD DE SERVIÇOS DE IMPRENSA S.A.
Rua Argentina 171 – Rio de Janeiro, RJ – 20921-380 – Tel.: 2585-2000
que se reserva a propriedade literária desta tradução

Impresso no Brasil

ISBN 85-01-06698-2

PEDIDOS PELO REEMBOLSO POSTAL
Caixa Postal 23.052
Rio de Janeiro, RJ – 20922-970

EDITORA AFILIADA

A Deus:

Deus, na maioria das vezes só pensamos em Ti quando temos um problema; no entanto, quando as coisas vão bem, raramente lembramos de Ti. Obrigado mais uma vez por permitir-me concluir minha segunda obra, por dar-me tanto, por dar saúde à minha família e por me permitir participar desta fascinante luta de viver a vida.

À minha mãe:

A essa belíssima ruiva que me deu tanto amor e que, no dia em que partiu para o Céu, levou um pedaço de meu coração, com toda a gratidão, o amor e a admiração que um filho pode ter por sua mãe. Amo você, mamãe, e lhe dedico de modo especial minha obra. Com todo meu carinho, a Sonia Aguilar Pérez, esse anjo que Deus enviou para cuidar de mim por alguns anos.

A Lety, minha amiga e esposa:

Ter amigos não é fácil. É preciso uma enorme capacidade para compreender o outro com seus acertos e também com seus defeitos; aceitá-lo tal como é e não como queria que fosse. Pequena, assim você tem sido em todos estes anos de casamento: uma grande esposa e excelente amiga, que me escuta, me faz refletir, me enche de mimos e apóia em todas as minhas realizações. Esta obra também é sua e com ela temos mais uma realização como casal. Obrigado.

A meus filhos Luis Enrique e Edgar Mauricio:

A meus pequenos travessos, motivo de minha inspiração, de meus agradecimentos a Deus e à vida. Aqueles que sem querer roubaram grande parte de meu coração trouxeram esperança para minha alma e um desejo pulsante de paz, alegria e amor. Dedico com todo meu carinho este livro a esses pequenos grandes motivos.

AME A SEU DEUS
AME A SUA FAMÍLIA
AME O SEU TRABALHO
AME A SI MESMO
E SUA VIDA SERÁ PLENA.

SUMÁRIO

Introdução	15

A Família

Preciso de um anjo	21
A criança e a televisão	23
Um presente para Heili	26
Uma oração para meu filho	29
O que o filho pensa do pai no decorrer dos anos	32
Olá, papai, sou Simão	34
O paradigma da riqueza	37
"Querido filho"	39
Um bebê	41
A macieira	43
15 anos	47
A melhor partida	50
"Sou apenas um menino!"	53
A metade do cobertor	57
Meu filho	60
Eu matei meu filho!	63
Diário incompleto	67
O velho	71

SUPERAÇÃO

SONHE	75
ALTO! QUEM ESTÁ AÍ?	78
O SEMEADOR	81
A CORDA DA VIDA	84
AMIGA OU INIMIGA?	87
O CÉU E O INFERNO	90
O TESTAMENTO	92
OS BENS E OS MALES	96
PARÁBOLA DOS DOIS MARES	100
O VELHO ALQUIMISTA	102
POBREZA	106
ONTEM, HOJE E AMANHÃ	109
PARÁBOLA	112
ESTOU FARTO!	115
COMO FRACASSAR NA VIDA	118
O RICO COMERCIANTE E O ANCIÃO MISERÁVEL	122
QUE SORTE!	124
MEU SONHO	127

O TRABALHO

NÃO POR SER MEU CHEFE	133
REALMENTE NUNCA SABEMOS COMO PODEMOS MARCAR A VIDA DE MAIS ALGUÉM	137
A MARATONA DO CONDADO DE BROWN	142
OS GERENTES	144
A CORRIDA	148
O CLIENTE	150
A ESTACA	153

A MAGIA DO LIVRO	156
OS PRAZERES DE UM DISSIDENTE	159
O VALOR DE UM SORRISO	162
NA FALA ESTÁ A DOAÇÃO	164

DEUS

ATREVA-SE A SER FELIZ	169
ENTREVISTA COM DEUS	172
MULHER	176
PRIMEIRO DAR	179
OS PASSOS DO SENHOR	181
O TESOURO OCULTO	183
O JUÍZO	186
DIÁLOGO	190
UMA CRIANÇA	192
DEUS E AS MÃES	195
DE BOAS INTENÇÕES...	198
A VERDADE	200
MEU MENINO	203
DEUS E OS PAIS INVÁLIDOS	206
A ORAÇÃO DA MUDANÇA	208
O CORPO DE DEUS	210
HOJE É NATAL	214

NOTAS	217

INTRODUÇÃO

Já parou para pensar qual é o seu papel na vida, quais as suas metas, o que deseja alcançar junto à sua família, que profissão ou quais os méritos que gostaria que seus filhos alcançassem? Está desempenhando eficazmente seu trabalho? Gosta dele ou o faz por necessidade? Já pensou em despertar ainda mais este gigante que vive dentro de você? Lembre-se, estamos no tempo da superação, o século XXI, da espiritualidade, dos valores. Convide-o a se rebelar contra você mesmo e continue construindo a qualidade total em cada um dos papéis que desempenhe na vida.

O homem, para ser uma pessoa íntegra, completa e feliz, precisa escrever de forma extraordinária os quatro capítulos mais transcendentes de sua existência; toda a sua força, toda a sua magia, todo o seu orgulho, todo o seu amor e sua compreensão têm que estar rascunhados nestes importantíssimos capítulos.

O primeiro capítulo é nossa família, a qual deve estar integrada e unida. Fazer uma família feliz é deixar um mundo melhor para a humanidade. O que está esperando para dedicar-lhes mais tempo e manifestar a seus filhos todo o seu carinho? O que está esperando para dizer a seus pais o quanto os ama?

Que futuro desejamos para nossa família? Este é o momento para dizer a nossos pais, filhos ou seres queridos quanto os amamos ou estamos esperando para quando já for tarde demais?

O segundo capítulo somos nós mesmos. Se não nos amamos, jamais conseguiremos amar aos demais, e querer o nosso próprio bem é respeitar o nosso semelhante; não invejar o que não temos é tirar o passaporte para a humanidade, este valor é o grande segredo do milagre japonês: a humildade de aprender, de reconhecer o sucesso dos outros. A soberba nos deixa cegos, acreditando que os outros são sempre culpados menos nós, que todos têm culpa por nossas falhas, quando os únicos culpados pela origem do fracasso somos nós mesmos, quando temos na mente o "Não posso": "Não posso ser um bom estudante", "Não posso ser um grande profissional".

Se quer ter sucesso, estude, ame sua profissão e o dinheiro virá naturalmente. Quer ter amigos? Interesse-se por eles para que possam interessar-se por você. Quer que seus pais o compreendam? Compreenda-os e nesse dia melhorará sua relação. Por que sempre pedimos antes de dar? O dia em que dermos antes de pedir mudará nossa vida, lembrem-se de que nas mãos do homem está depositado o maravilhoso poder de realizar tudo o que sempre sonhou.

O terceiro capítulo é o trabalho, é o lugar onde o homem pode expressar todas as suas potencialidades e alcançar a realização.

Sabemos o que queremos em nosso trabalho? Estamos realmente satisfeitos com ele? Por que não buscamos alguma alternativa dentro do mesmo que nos satisfaça? Lembrem-se de que quem não sabe aonde vai acaba em qualquer lugar.

Há que se encontrar sentido em nossos estudos, ofício ou profissão. "Qual é minha missão como estudante, empregador ou empregado?", isto é algo que você deve decidir; deixe que a qualidade seja o fator diferencial de seu trabalho.

Devemos nos preparar para sermos melhores e mais eficazes em nosso trabalho.

O quarto capítulo é Deus, o Deus de cada um de nós, aquele que nos deu a capacidade de amar, de compreender, o que nos convida a perdoar e a pedir desculpas, aquele que nos ensina o belo e os valores da vida: a paz, a harmonia, a honestidade. Uma vida em congruência com estes valores nos permite a transcendência.

Estes são os quatro capítulos que compõem a obra mais preciosa, a obra magistral da humanidade, uma sinfonia bela e perfeita, que foi feita com amor, com paixão, com alegria e esperança. Esta formosa sinfonia chama-se *homem*. São vocês mesmos. E, com os capítulos que compõem o meu livro e o de vocês, ponha fogo em seu coração. Por meio de belas parábolas, faremos com que reflitam sobre estes capítulos vitais de nossa existência.

Enrique Villarreal Aguilar

A FAMÍLIA

Os bons hábitos são os pequenos grandes detalhes que, junto ao exemplo, constituem o maior legado que podemos deixar para a nossa família.

Enrique Villarreal Aguilar

Preciso de um anjo

Um bebê dizia no ventre materno:
"Preciso de um anjo que me queira, que me sussurre, que me mime e todas as noites cante ou conte alguma bela história que me faça dormir tranqüilo.

"Preciso de um anjo que me guarde nove meses dentro de sua barriga linda, que cuide de mim e me proteja até nosso reencontro.

"Preciso de um anjo que me compre brinquedos e me deixe fazer travessuras com eles, ainda que com um gritinho fingido me diga: 'O que está fazendo, meu amor, onde está você?', quando na verdade já sabe onde estou e o que estou fazendo.

"Preciso de um anjo que seja minha confidente, minha amiga e minha mãe. Juntos dividiremos nossos segredos e fundiremos nossos seres numa só alma.

"Preciso de um anjo que me ensine os valores da vida, que me conduza pelo caminho da ética, da verdade, da eqüidade e do amor, fatores fundamentais para o meu êxito no transcorrer da vida.

"Preciso de um anjo que me ensine a rezar, e me aponte o caminho de Deus, para que cada noite possa dizer ao Senhor: 'Pai Nosso que estás no Céu, cuida bem de meu pai e minha mãe, dá-me o direito de tê-los sempre ao meu lado e não esqueça que te amo muito.'"

E agora que me recordo, sempre tive realmente ao meu lado o meu anjo. Este anjo é você, mamãe, e o bebê sou eu: este que carrega em seu ventre. Amo você.
Seu bebê.

Enrique Villarreal Aguilar

R eza um famoso provérbio judeu: "Deus não podia estar em todas as partes, então criou as mães." Desde então aquele amor cheio de alegria, compaixão, ternura, temperança e fé está presente em nossas vidas para amenizar com seu carinho as vicissitudes que lhe são apresentadas pelo destino. Pode-se comparar as mães com as estrelas que, ainda que estejam longe de nós, serão sempre luzes imanentes à nossa existência.

M uitas maravilhas há no universo; porém a obra-prima da criação é o coração da mãe.

Bersot

O coração da mãe é a escola do filho.

Beeche

N o coração da mãe formam-se os hábitos da criança, nos hábitos do menino forja-se o destino do homem.

Enrique Villarreal Aguilar

A criança e a televisão

— Papai, papai! — gritava o menino para o pai, que estava entretido vendo um programa na televisão. Sem desviar a atenção da telinha, devido à excessiva insistência do filho o pai finalmente respondeu ao chamado, protestando:
— O que você quer, meu filho? Não está vendo que estou assistindo à televisão?
O menino respondeu com um jeito manhoso que dava graça:
— Quero que o senhor me ajude a fazer o meu dever de casa!
— Saia, não me amole, estou vendo futebol, meu time está jogando e quase não consigo vê-lo — foi a resposta.
O menino sai cabisbaixo para outro cômodo, porém cinco minutos depois volta com ânimo renovado.
— Papai, por favor, me ajude a fazer o meu dever.
O pai desta vez responde em tom enérgico:
— Já te disse que estou vendo o jogo, não fui claro? Sai fora.
Passados dez minutos o menino torna a insistir.
— Papai, papai, me ajude por favor a fazer a minha tarefa!
— Já te disse... — resmunga o pai, ao mesmo tempo que, tomado de raiva, dá uma tremenda palmada no garoto.

Este perde a esperança de que o pai o ajude e vai embora para o quarto chorando, não apenas com o sentimento de que não foi ajudado mas também agredido por seu progenitor.

O pai, arrependido de sua reação, pára de assistir à partida de futebol, caminha até o quarto onde se encontra o menino e demonstra seu arrependimento:

— Filho, me desculpe minha reação. Diga, em que posso te ajudar?

— Em nada, papai, já não preciso mais.

— Mas, filho, por favor, diga, o que é que queria que fizesse pra você?

— Queria que me ajudasse a fazer a minha tarefa. Pediram-me para pensar na profissão que desejo ter quando crescer.

— E já se decidiu quanto a isso, meu amor?

— Sim, papai, quero ser uma televisão.

— Mas televisão não é carreira — responde o pai desconcertado. — Por que você quer ser uma televisão, filho?

— Para que os adultos me dêem a mesma atenção que dão a ela.

Enrique Villarreal Aguilar

Inspirado na parábola *Oração de um filho*, autor anônimo.

A maioria dos pais se esforçam para que seus filhos tenham tudo; se preocupam com suas amizades, com a escola para onde vão, que se alimentem bem, vistam-se corretamente, tenham bons valores; contudo existem alguns elementos que causam a desintegração da família e estes agem sem que nos demos conta deles, tais como televisão, videogames, internet etc. Não permitamos que estes meios acabem com o bem mais precioso que temos em nossa existência: a família. Utilizemos a tecnologia como um entretenimento momentâneo e não como um meio de vida.

Não podemos ser justos se não temos um coração bondoso.

Vauvenargues

O segredo da felicidade é este: que seus interesses sejam tão amplos quanto possível, e que sua atitude em relação às coisas e às pessoas que lhe interessam seja a mais amigável possível em vez de hostil.

Bertrand Russell

É fácil perceber os erros dos outros, porém é difícil enxergar os próprios; um homem refere-se aos erros de seu próximo como algo corriqueiro, mas os seus próprios esconde, como um mentiroso que oculta um lance de dados infeliz.

Buda

Um presente para Heili

Pequena Princesa:
Você não imagina o quanto me faria feliz vê-la correndo alegre com seus amiguinhos, conversando com seus primos e umas horas planejando suas aventuras; em cada fim de semana dedicaria umas horas para você e não perderia tempo vendo televisão ou fazendo qualquer outra coisa boba que me impedisse de estar ao seu lado.

Festejaríamos suas travessuras e creio que eu também pegaria um lápis de cor para desenharmos juntos o lugar que escolhesse; cada risco, cada mancha, cada desenho seria uma obra de arte que compartiria com minha linda princesinha.

À noite pegaria uma almofada e lhe lançaria suavemente nas mãos para que fizesse o mesmo, dando início a uma bela disputa; a vencedora deveria convidar a outra para tomar um maravilhoso *milk-shake*.

Deixaria os compromissos de trabalho e dedicaria a você mais tempo; definitivamente o tempo mais bem aproveitado é o que dedicamos aos nossos entes queridos, a todas as pessoas que amamos.

Não haveria nenhuma queixa de você; antes de mais nada lembraria a mim mesmo que não é mais do que uma menina, uma linda menina que há uns meses estava no ventre de sua mamãe dando-lhe uns pontapés.

Não lhe exigiria que comesse sob coação. Sei que quando tivesse fome você mesma me pediria algo para comer e tentaria atender a seus desejos por mais sem lógica que parecessem.

Antes de dormir juntaria suas mãozinhas e, unidas às minhas, rezaríamos a Deus pai agradecendo por nos ter dado a bênção de desfrutar juntas mais um dia e ter feito de seus pais os seres mais felizes da Terra.

Porém, nada disso irá acontecer. Ontem deixei-a dormindo em sua sepultura. Hoje só me resta sua lembrança e as ilusões do que poderíamos ter feito juntas, desses lindos momentos que deveríamos ter compartilhado, desses cadernos que ficaram sem pintar, daquelas almofadas por destroçar, daqueles brinquedos que vão ficar à espera de que alguém fale com eles, dessas noites que papai não vai lhe contar uma história ou mamãe cantar uma canção...

Pequeno anjinho, que Deus te guarde em seu sono.

Sua mamãe.

Enrique Villarreal Aguilar

Se eu tivesse a oportunidade de ter outra vez meus entes queridos, não perderia a chance de dizer-lhes diariamente o quanto lhes quero bem, não me cansaria deles, permitiria que fizessem quantas travessuras ousassem e estaria com eles nessas ocasiões. Se tivesse a oportunidade de tê-los uma vez mais, os amaria como não os amei em seu tempo, porém infelizmente isto não pode ser, então não perco a oportunidade de expressar meus sentimentos aos que ainda tenho.

Lembre-se de que você só tem uma alma; que só tem uma morte a morrer, que só tem uma vida, que é curta e só pode ser vivida por você e que só há uma glória que é eterna. Se assim o fizer, não terá que se preocupar com tantas outras coisas.

Teresa de Ávila

Aproveite de cada momento sua novidade única e não espere pelo seu prazer.

André Gide

O som de um beijo não é tão forte como o de um canhão, porém seu eco dura mais tempo.

Oliver W. Holmes

Uma oração para meu filho

Deus, hoje ponho-me a seus pés para que me ajude a ser um bom pai e me dê a inteligência e o discernimento para compreender meus filhos em qualquer etapa de suas vidas.

Não permita que a dureza que às vezes nos deixa o decorrer dos anos seja evidenciada na ausência de uma carícia no pequeno que vem correndo nos abraçar com um sorriso.

Permita-me refletir, antes de repreender ou maltratar meu filho: Como me comportava quando tinha a sua idade? Como se comporta uma pessoa nesta etapa de sua vida?, e permita que eu compreenda que ele não é mais do que uma criança que veio para encher de felicidade o nosso lar.

Não permita que eu cometa os mesmos erros que meus pais cometeram comigo; ajuda-me a recordar todos os acertos que tiveram em minha educação e formação para que eu faça o mesmo com meus filhos.

Senhor, nas ocasiões de cansaço em virtude de um dia de trabalho exaustivo, quando a única coisa que se quer é o descanso, dá-me forças para dedicar-lhes parte de meu tempo, e assim saber o que os preocupa, do que gostam, quais são seus sonhos e que juntos possamos galgar os degraus que nos levem à sua realização.

Ajuda-me a conseguir que meu exemplo fale através de minha conduta e não por meras palavras que, como diz o ditado, se vão como o vento, pois na vida o que importa são os feitos.

Dá-me capacidade de ser o melhor amigo dele, não apenas seu pai, seu guia, não só aquela pessoa que dá ordens e leva dinheiro para casa, mas também alguém para escutar seus problemas, não para que escute os meus; para desfrutar cada etapa de sua existência, não para lamentar do que não desfrutamos juntos.

Ensina-me o caminho que devo mostrar a meu filho para chegar ao Senhor; cobre-nos com seu amor para que possamos respirar uma paz espiritual em nossas vidas e proporciona-me clareza para que desenvolva nele as atitudes e aptidões necessárias para enfrentar com firmeza seu destino.

Mas, Deus, por favor, dê saúde a meu filho; o pior castigo para um pai é ver o seu pequeno doente e não poder fazer nada por ele.

Assim juntos, cada noite, a cada refeição, vamos agradecer-lhe pela alegria de um novo dia. Em nome do Pai, do Filho...

Enrique Villarreal Aguilar

Senhor Deus: tua é minha vida e a de meus filhos; protege-nos com teu manto misericordioso; ensina-nos o caminho do bem e sê a luz que nos guia no transcurso de nossa existência. Obrigado por ter mandado estes anjinhos para compartilhar meu destino. Prometo dar tudo de mim para que sejam gente de bem, verdadeiros filhos teus, porém, por favor, permita que minhas orações cheguem a teu coração e livra-nos de todo mal. Amém.

A oração é uma conversa com Deus.

São Clemente de Alexandria

Orar é abrir a alma a Deus para que ele possa nos falar.

Georgia Harkness

A oração é o ponto de união entre Deus e o homem.

Enrique Villarreal Aguilar

O que o filho pensa do pai no decorrer dos anos

Aos sete anos:
Papai é um sábio, ele sabe tudo.
Aos quatorze anos:
Acho que meu pai está enganado sobre algumas coisas que me disse.
Aos vinte anos:
Papai está um pouco atrasado em suas teorias, não é deste tempo.
Aos vinte e cinco anos:
O velho não sabe de nada... está realmente caducando.
Aos trinta e cinco anos:
Com minha experiência, a esta idade meu pai teria ficado milionário.
Aos quarenta e cinco:
Não sei se devo consultar o velho sobre este assunto, talvez possa me aconselhar.
Aos cinqüenta e cinco:
Que pena que meu pai morreu, na verdade tinha umas idéias e uma clarividência notáveis.
Aos setenta anos:
Pobre papai, era um sábio! Que pena tê-lo compreendido tão tarde!

Anônimo

Conta um velho provérbio bíblico: "Com a mesma medida que julgares, serás julgado." Lembre que assim como julga seu pai em algum momento de sua existência, seus filhos ou outro ente querido também o julgarão. De modo irônico a vida o fará desempenhar o papel daquele que um dia criticou ou tardou a compreender. Feliz ou infelizmente, todos estamos sujeitos aos caprichos e vicissitudes que nos prepara o destino.

Aos vinte anos reina a vontade, aos trinta, o talento, e aos quarenta, o juízo.

Benjamin Franklin

As coisas não mudam; nós é que mudamos.

Henry D. Thoreau

Durante a primavera os jovens sonham e os velhos recordam.

M.L.C.

Olá, papai, sou Simão

— Olá, papai, sou Simão! — gritava um menino de oito anos ao chegar em casa.

Hoje pela manhã passei pelo parque onde brincamos tantas vezes; sentei-me em nosso banco predileto, aquele que marcamos não apenas com nossos nomes e onde nossos corações nos esperavam a cada domingo para desfrutarmos juntos estes momentos inesquecíveis.

Lembro daquele dia em que caí do balanço, que susto, não foi? Mamãe e você estavam pálidos ao verem meu rosto ensangüentado, você rapidamente me levantou do chão e levou-me ao hospital mais próximo para que fosse atendido. Lembro-me bem de que não se separou de mim nem por um segundo!

E quando eu ficava doente, todos os cuidados, toda a angústia e todos os sofrimentos que você passava, naqueles instantes em que me deixava pareciam intermináveis e o faziam prisioneiro do desânimo.

Quantas noites ficou ao meu lado até que eu aprendesse naturalmente aquela orientação que devia pedir à escola ou simplesmente para que terminássemos juntos a tarefa.

E aqueles jogos de futebol que curtíamos como se fossem autênticos campeonatos, como poderia esquecê-los!

Aquela tarde quando plantamos a primeira árvore da casa estava tão orgulhoso de mim; ambos sentimos como se estivéssemos devolvendo algo à natureza que tanto nos deu de presente.

Quantas corridas você imagina que ganhei em seu carro quando saía para abrir o portão e eu ficava manobrando o volante?

Quantos jogos inesquecíveis nos esperavam quando você chegava do trabalho.

Papaizinho, hoje quando cheguei da escola estavam todos da família muito tristes me esperando; vestidos de preto disseram-me que você foi para o céu, que não voltaria mais. É mentira, não é? Mentem, papai, você não iria sem me dar um beijo na bochecha, volte, papai, sempre me levou com você, prometo que vou me comportar direitinho, mas, por favor, volte. Você promete, papaizinho? Sinto muito a sua falta, e amo você. Seu filho Simão.

Enrique Villarreal Aguilar

Viva intensamente. Hoje você tem a oportunidade de desfrutar de todas as pessoas que o amam. Goze o milagre da vida, atreva-se a pronunciar aquelas palavras de amor que tinha reservado para amanhã, já que este é o instante delas. Ame com toda a intensidade que seu coração mandar, para que o mundo perceba que até o mais trivial tem um significado essencial em seu ser. Aja agora, e amanhã não se arrependerá de não tê-lo feito.

Não espere para viver amanhã: viva hoje.

Marcial

Aquele que deixa sua imagem em seus filhos não morre completamente.

Carlos Goldoni

O que possuir neste mundo pertencerá a outra pessoa quando morrer, mas o que você é será seu para sempre.

Anônimo

O paradigma da riqueza

Certa vez um pai de uma família muito rica, com o firme propósito de que seu filho visse como eram pobres as pessoas da zona rural, levou-o a uma viagem pelo campo. Pensou que isso o ajudaria a compreender o valor das coisas e como eles mesmos eram afortunados.

Passaram um dia e uma noite inteiros na granja de uma família camponesa muito humilde.

Ao terminar a viagem, já de volta para casa, o pai pergunta a seu filho:

— O que você achou da viagem?

E o filho respondeu:

— Muito bonita, papai!

— Viu como as pessoas podem ser pobres e passar necessidades?

— Sim!

— E qual lição tirou disso?

— Vi que temos um cachorro em casa, eles têm quatro. Temos uma piscina de 25 metros, eles têm um rio que não tem fim. Nós temos umas lâmpadas importadas no pátio, eles têm as estrelas. Nossa varanda vai até o limite de nossa casa, a deles tem todo um horizonte. Especialmente, papai, vi que eles têm tempo para conversar e conviver em família. Você e a mamãe têm que trabalhar o tempo todo e quase não vejo vocês...

Encerrado o relato do menino, o pai ficou mudo, e seu filho ainda acrescentou:
— Obrigado, papai, por me ensinar o quanto podemos ser ricos!

Anônimo

Muitas pessoas pensam que atendendo financeiramente aos filhos já cumpriram sua missão como pais, quando, na verdade, o que os filhos precisam é de amor, compreensão e qualidade no tempo passado com seus progenitores, não só quantidade. Precisam de mãos que os acariciem quando têm um problema, de braços que os acalentem em seus sonhos, de ouvidos que os escutem e de uma boca que os motive e brinde-os com calorosos beijos. As crianças precisam é de um pai e uma mãe em harmonia com sua natureza, mais que apenas provedores de dinheiro.

As crianças não têm passado nem futuro. Por isso gozam o presente, coisa de que raramente nos damos conta.

La Bruyère

Cuide bem da terra. Não lhe foi dada por seus pais... Seus filhos emprestaram-na a você.

Provérbio queniano

Procuremos viver de tal forma que, ao morrermos, até o coveiro lamente.

Mark Twain

"Querido filho"

Querido filho:
Enquanto viver nesta casa, obedecerá às regras. Quando tiver a sua casa, fará as suas próprias regras.

Aqui governa a democracia... não fiz campanha eleitoral para ser seu pai. Você não votou em mim, somos pai e filho graças a Deus e aceito o privilégio e a responsabilidade aterradora deste fato.

Ao aceitar, adquiro a obrigação de desempenhar o papel de pai. Não sou seu camarada... nossas idades são bem diferentes.

Podemos compartilhar muitas coisas, porém não somos companheiros, sou seu pai e isto é muito mais do que um companheiro.

Sou também seu amigo, porém estamos em níveis distintos. Nesta casa, fará o que eu disser, e não deve me questionar porque tudo o que eu lhe mandar fazer será movido por amor... mas até que tenha um filho será difícil compreender. Enquanto isso, confie em mim.

Seu pai.

Ricardo Montalbán

Sejamos amigos de nossos filhos. Porém é preciso mostrar a eles a diferença entre um amigo e um pai. Desde o princípio apliquemos as regras dentro de casa, para que não sejam *violadas, começando por nós mesmos. Lembremos que a disciplina começa no seio familiar e transcende o mundo inteiro.*

O mestre ensina mais com o exemplo do que com as palavras.

Søren Kierkegaard

O verdadeiro mestre não extingue o fogo, antes semeia na alma do discípulo o amor pela verdade, pela justiça, pela beleza, sem impor suas próprias opiniões.

Platão

Um bebê

— O que é um bebê? — pergunta um menino de três anos a seu pai, enquanto observa seu irmão recém-nascido.

O pai, inspirado no lindo bebê, responde:

— Um bebê vem etiquetado de diferentes formas: de cor azul ou rosa.

"Não tem dentes, mas seu lindo sorriso poderá despedaçar qualquer coração, por mais duro que seja.

"Chega ao mundo sem nada, porém nos traz a esperança de uma vida melhor, constituindo um belo motivo para que alcancemos nossos objetivos.

"Não fala, contudo basta sua presença para nos dizer que Deus está conosco e que é seu desejo que a vida siga adiante.

"Quando nasce, mede uns poucos centímetros, contudo o amor e a ternura que desperta não têm limites; é incrível toda a paixão que um bebezinho pode despertar.

"Muitos nascem sem cabelo, outros com muito pouco; porém isso os torna extraordinariamente belos.

"Passam a maioria do tempo dormindo, contudo somos nós que sonhamos com todas as maravilhas que irão alcançar quando forem grandes.

"São extremamente sensíveis, mas nos dão a força necessária para seguirmos em frente em qualquer empreendimento iniciado.

"Choram muito, porém quem não choraria ao ser enviado a este mundo depois de ter estado no céu ao lado de Deus?

"Um bebê, com todas as suas imperfeições, nos faz lembrar o que há de mais perfeito na vida. Então, não vale a pena lutar e cuidar desse ser tão pequeno e cheio de virtudes?
O menino abraçou seu irmãozinho, deu-lhe um beijo e disse:
— Irmãozinho, faz muito tempo que estive no céu, mas não me lembro bem de lá, me conta como é?
O pai ficou observando atentamente suas duas pequenas bênçãos, enquanto as lágrimas brotavam de seus olhos.

Enrique Villarreal Aguilar

Um bebê é o símbolo do amor e sua representação física é o Cupido alado, que com suas flechas faz com que uma pessoa se apaixone por outra. Nossos bebês não podem fazer isso, mas inspiram tanta ternura que exalam amor apenas com sua presença. Quem já teve alguns momentos segurando um desses pequeninos nos braços certamente já experimentou esta sensação.

O amor é a única flor que brota e cresce sem a ajuda das estações.

Gibran Kahlil Gibran

A vida é uma flor cujo mel é o amor.

Victor Hugo

O amor não olha com os olhos, mas com o espírito; por isso nas pinturas o Cupido é cego.

Shakespeare

A macieira

Era uma vez uma enorme macieira. Havia um garotinho que a amava muito e todos os dias brincava em volta dela. Trepava na árvore até o topo, comia suas maçãs e fazia uma sesta debaixo de sua sombra.

Ele adorava a árvore e ela também o amava.

Passado um tempo o menino cresceu e nunca mais brincou em volta da enorme árvore.

Um dia, o rapaz resolveu visitá-la e então ela lhe disse:

— Veio brincar comigo?

Porém o menino respondeu:

— Já não sou mais aquele menino de antes, que brincava em volta de grandes árvores, agora quero jogos e preciso de dinheiro para comprá-los.

— Que pena — disse a árvore —, eu não tenho dinheiro, mas sugiro que recolha minhas maçãs e as coloque à venda, assim conseguirá o dinheiro para comprar seus jogos.

O rapaz se sentiu muito feliz, pegou todas as maçãs e conseguiu o dinheiro e a árvore também ficou contente.

Porém o rapaz não voltou mais depois que conseguiu o dinheiro e a árvore tornou a ficar triste.

Muito tempo depois, o rapaz voltou, e a árvore, muito feliz, perguntou-lhe:

— Veio brincar comigo?

— Não tenho tempo para brincar, devo trabalhar para minha família, preciso de uma casa para morar com minha esposa e meus filhos. Você pode me ajudar?

— Sinto muito, mas não tenho uma casa, mas você pode cortar meus galhos e construir sua casa.

O jovem cortou todos os ramos da árvore e isto novamente a alegrou. Porém o rapaz não voltou mais e a árvore tornou a ficar triste e solitária.

Num belo dia de um tórrido verão, o homem voltou e a árvore ficou encantada:

— Veio brincar comigo? — perguntou.

O homem respondeu:

— Estou triste e ficando velho, quero um barco para navegar e descansar um pouco. Pode me conseguir um?

A árvore respondeu:

— Use meu tronco para construí-lo e assim poderá navegar e ser feliz.

O homem cortou o tronco, construiu seu bote e em seguida pôs-se a navegar por um bom tempo.

Finalmente retornou depois de muitos anos e a árvore disse-lhe:

— Sinto muito, mas não tenho nada para lhe dar, nem mesmo maçãs.

O homem respondeu:

— Não tenho mais dentes para morder, nem força para escalar, porque agora estou velho.

Então a árvore com os olhos cheios de lágrimas disse-lhe:

— Realmente não tenho mais nada para lhe oferecer agora... a única coisa que me resta são minhas raízes mortas.

E o homem respondeu:

— Não preciso de muito agora, só de um lugar para descansar, estou tão cansado depois destes anos todos...

— Bem, as velhas raízes de uma árvore são o melhor lugar para recostar-se e descansar. Vem, sente-se comigo e descanse.

O homem se sentou junto à árvore, e ela se sentiu feliz e sorriu com lágrimas.

Anônimo

Esta é a história da nossa vida, quando pequenos brincamos, rimos, choramos e compartilhamos nossos sentimentos e brinquedos com nossos pais... porém o tempo passa e a partir da adolescência nos isolamos dos pais para dividir aqueles momentos com nossos amigos... e o tempo passa e já adultos só os procuramos quando precisamos de alguma coisa; finalmente, já velhos, ou quando não estão mais conosco aprendemos a valorizá-los, sentindo sua falta em todos aqueles momentos em que nos perdemos de sua existência. Nestes momentos lembramos que papai e mamãe sempre estarão ao nosso lado, para nos dar todo amor e apoio de que necessitemos.

As coisas pequenas, feitas com grande amor, trazem felicidade e paz.

Madre Teresa

O melhor conselho é dado pela experiência. Pena que chegue sempre tarde demais.

Marlot de la Houssaye

Quem quer garantir o bem dos outros já garantiu o seu próprio.

Confúcio

15 Anos

— Querida filha — dizia alegremente um senhor à sua filha de quinze anos.

"Há quinze anos e oito meses eu e sua mãe recebemos a notícia mais bela de nossa vida. O médico nos comunicou, para nossa surpresa:

"— Jovens, um novo ser compartilhará a felicidade deste lar.

"Sempre lembrarei daquele dia, pois com certeza foi um dos mais bonitos de nossa vida. Lembro que quase não acreditei: 'um bebê, um bebê! Vou ser papai!', falava enquanto meus olhos e os de sua mãe se enchiam de lágrimas.

"Passaram-se os meses e a barriga de sua mãe começou a se avolumar; ao mesmo tempo, os sonhos e as ilusões cresciam dia após dia no decorrer desses maravilhosos oito meses em que nossa casa se encheu de roupinhas, lindos brinquedos, mas sobretudo de um grande amor.

"Finalmente chegou o dia tão esperado, a data de nosso encontro, no qual a abracei pela primeira vez, onde seus olhos e seu lindo sorrisinho transbordaram a felicidade de um jovem agradecido pela vida: nesse momento me senti muito feliz. No momento em que a vi nos meus braços, deu-se uma espécie de reencontro entre mim e Deus e, tomado de uma enorme ternura, gritei: 'É menina, é uma menininha linda! Graças a Deus!'

"Aquele bebezinho agora faz 15 anos, durante os quais temos vivido momentos de alegria, tristeza, amor, desamor, nos quais o mundo da fantasia nos levou a visitar lugares fascinantes através de nossos sonhos. Isso mudou, é claro, a fantasia já é uma realidade, aquele pequeno botão acaba de florescer numa belíssima mulher na qual vemos traçadas nossas ilusões.

"Filha, a confiança, a motivação, a perseverança, a ética, a eqüidade, o bom senso, o respeito a si mesma, a quem está à sua volta, o amor e a amizade são alguns dos valores que fizeram parte de sua formação e que você sempre levou como pilares de sua vida. Conserve estes valores sempre com você e certamente o futuro a esperará alegre e de braços abertos para alcançar qualquer anseio, por maior que seja.

"Minha pequena, agora você é uma moça, sem dúvida, mas não deixará de ser para mim aquele bebê que um dia chegou recém-nascida nos braços do papai, enquanto as lágrimas enchiam de alegria nossos rostos.

"Continuará sendo aquele bebê que Deus nos enviou para abençoar nosso lar e que um doutor depositou em nossas mãos, com todas as obrigações que representa e que com muito gosto aceitamos, enquanto ele nos dizia: 'Parabéns, vocês acabam de se tornar pais de uma linda menina!'

Enrique Villarreal Aguilar

*E*ra uma vez uma linda flor que nasceu no meio da árida planície. Sua beleza destacava-se das demais plantas. Era tão bela que todas as manhãs as criaturas do deserto se reuniam para observá-la e deleitar-se com seu agradável aroma; um dia um animal aproximou-se dela para devorá-la, porém a linda flor rapidamente defendeu-se com os espinhos que a protegiam. Ferido, o animal morreu instantaneamente. Filha, aquela flor é você, e os tais espinhos são seus princípios e valores, conserve-os sempre.

O filho é filho até que arranje uma esposa. A filha é filha todos os dias de sua vida.

Thomas Fuller

Faça sempre o bem. Isso gratificará algumas pessoas e surpreenderá outras.

Mark Twain

A simplicidade dá mais brilho à coroa do triunfo.

César Guzmán

A melhor partida

O campeonato de futebol americano estudantil estava prestes a começar, quando o técnico da equipe favorita ficou sabendo que o pai do zagueiro reserva acabara de falecer, então foi dar-lhe a terrível notícia:

— Filho, tenho que lhe dar uma notícia ruim... Conheço o maravilhoso relacionamento que você tem com seu pai. Infelizmente nunca conversamos, mas sempre vi vocês abraçados, sorrindo, comentando tantas coisas... Ele estava presente em todas as partidas e, embora não entrasse em campo, você sempre tinha o seu apoio. Infelizmente acabaram de me informar que seu pai faleceu.

O jovem cobriu o rosto com as mãos e começou a soluçar, depois de alguns minutos, disse ao técnico:

— Quero pedir-lhe um favor. Deixe-me jogar esta partida. Para mim é fundamental, mesmo que seja por poucos minutos.

O técnico ficou por um tempo pensativo, pois estava em jogo o campeonato de futebol americano que sempre sonhara, mas também a felicidade de um de seus pupilos. Então depois de refletir um bocado, pensou:

"Se ele ficar uns poucos minutos no jogo, não afetará ninguém."

E o jovem entrou em campo.

Sua participação foi esplêndida, contagiava de entusiasmo todos os seus amigos e seus passes foram extremamente corretos. Era uma pessoa muito diferente da que conheciam. O técnico mal pôde acreditar na mudança radical que se operara naquele rapaz.

Ao fim da partida, tornou-se o melhor jogador do time e recebeu um troféu. O técnico, surpreso, aproximou-se do jovem.

— Rapaz, estou muito impressionado! Contei a você que seu pai faleceu, sei que se davam muito bem e no entanto ficou para jogar! Seu desempenho nunca foi bom e justo hoje faz esta partida que surpreendeu a todos!

O jovem respondeu chorando:

— Sabe, meu pai sempre quis me ver jogar, mas nunca pôde, porque era cego. Eu ficava triste por saber que não me via, porém hoje, pela primeira vez, está me vendo do céu e ofereci a ele a minha melhor partida.

Anônimo

Com disciplina, paixão e fé você pode escalar qualquer montanha que encontrar. Não importa o quão insignificante ou transcendente seja o seu objetivo, o que importa é alcançá-lo. Todas as suas lutas, todas a sua esperança, todos os seus sonhos, se moldá-los com amor, serão realizados, e aqueles desejos efêmeros serão levados com o vento para que venham novos ares de ilusões valiosas.

Dê à vida o melhor e ela lhe devolverá o mesmo.

Miguel Ángel Cornejo e Rosado

Eles podem porque acreditam que podem.

Virgílio

Só existe uma bênção, fonte e pedra angular da bem-aventurança: a confiança em si mesmo.

Sêneca

"Sou apenas um menino!"

Hoje é um dia especial para mim. Meus colegas, um grupo temido por todos do segundo grau, convidaram-me para passar um dia inteiro com eles. Tenho muito poucos amigos e, sinceramente, passo despercebido na escola, então acho que esta é minha oportunidade de me fazer notável no colégio.

O que me deixa chateado é que terei que mentir para meus pais, dizendo-lhes que vou à escola quando estaremos matando aula. Enfim, tudo pela fama. Certamente este dia mudará a minha vida.

Quando cheguei ao lugar combinado, meus novos amigos mostraram-se amorosos demais. Quem poderia acreditar que são aqueles temidos por todos, dos quais todos falam tão mal?

Éramos três casais e ali estava Paula, a menina que eu tanto gostava. Um dos rapazes disse que sua família estava de férias e nos convidou a tomar um suco em sua casa e os outros riram, porém partimos satisfeitos. Ao chegar lá, rapidamente tiraram uns cigarros. Para que não falassem mal de mim fumei um também. Paula começou a me beijar, parecia orgulhosa de mim e eu estava muito feliz.

Depois de umas duas horas juntos, o anfitrião acendeu um cigarro muito estranho, que parecia de maconha, porque cheirava muito mal. Todos os meus companheiros de aventura demonstravam estar radiantes de felicidade e imediatamente começaram a fumar. Insistiram que eu também fumasse, porém me recusei e foi quando Paula falou:

— Se não fumar, paramos por aqui!

E foi assim que cedi.

No princípio senti medo, porém aos poucos fui gostando. Sentia-me livre, triunfante, adulto. Acenderam outro e outro e mais outro... a única coisa que me lembro é que amanheci na prisão e nem sei por quê. Disseram que Paula morreu de overdose. A meu respeito, disseram que por estar drogado, e não tendo mais maconha para fumar, fomos atrás de dinheiro e assaltamos o meu melhor amigo. Como não me deu nada, começamos uma briga na qual acabei matando-o com uma faca que me arranjaram. Não posso acreditar, estão mentindo? Como pude matar meu melhor amigo? Deus, não entendo, como pude fazer isso? Meus pais estão decepcionados com minha conduta. O advogado disse que eu ficarei no mínimo 20 anos na cadeia, para tristeza de minha mãe que nesse único dia envelheceu todos os anos de minha sentença. Meus irmãos estão inconsoláveis e meu pai, nunca o havia visto chorando tanto.

Ninguém soube nada das pessoas que me levaram para o vício. A casa onde aprontamos nossas baixarias era de outra família que estava de férias. Fui enganado. Como pude ser tão tolo? Como pude tirar a vida do meu melhor amigo?

Passaram-se três anos e meus pais e irmãos foram os únicos que não me abandonaram. Visitam-me periodicamente, em dias determinados, de vez em quando.

Eu tinha razão em dizer que aquele dia mudaria minha vida para sempre. Como fico triste ao ver meus irmãos desconsolados, meus amigos envergonhados de meu comportamento, meu pai envelhecido por minhas maluquices, ao ver minha mãe chorando sem cessar a cada visita como se fosse Madalena, mas, sobretudo, por vê-los ir embora enquanto fico neste quarto de paredes com grades, deixando-me neste inferno que sempre me recordará aquelas palavras que disse chorando quando me prenderam: não me deixem, não me deixem, por favor, sou apenas um menino!

Enrique Villarreal Aguilar

Meu pai dizia: nunca confie num estranho que lhe der tudo em troca de nada. Nem naquele amigo que lhe pede para fazer alguma coisa ruim, tampouco na pessoa que o adule por sua inteligência, seu dinheiro ou sua beleza, porque por trás disso tudo sempre haverá algo mais, sempre se esconderá a figura do diabo.

Afaste seus filhos das más influências; porém primeiro converse com eles sobre o que lhes pode acontecer.

O perigo e o prazer crescem do mesmo ramo.

Provérbio escocês

Os vícios se aprendem sem mestre.

> Fuller

A juventude é uma embriaguez perpétua; é a febre da razão.

> La Rochefoucauld

A metade do cobertor

Dom Roque já era um ancião quando lhe morreu a esposa. Durante muitos anos trabalhou com afinco para levar adiante sua família.

Seu maior desejo era que o filho se tornasse um homem de bem, honrado, respeitado pelos outros, já que para isso dedicara toda sua vida e seus poucos bens.

Aos setenta anos, Dom Roque estava sem forças, sem esperança, só e cheio de recordações.

Esperava que o filho, agora um brilhante profissional, lhe oferecesse apoio e compreensão, mas, vendo o tempo passar sem que ele aparecesse, resolveu procurá-lo. Assim Dom Roque bateu à porta da casa onde seu filho morava com a família.

— Papai, que milagre vir aqui!

— Sabe que não gosto de incomodar, mas tenho me sentido muito sozinho; além do mais estou cansado e velho.

— Pois para nós é um prazer que venha nos visitar! Você sabe, a casa é sua!

— Obrigado, filho, sabia que poderia contar com você, mas temia ser um estorvo. Então, não se incomodaria que viesse morar com vocês? Sinto-me tão só!

— Morar aqui? Sim... claro, mas não sei se iria gostar. Você sabe, a casa é pequena... minha esposa é um pouco geniosa e ainda tem os meninos...

— Olha, filho, se estou causando problemas, esqueça. Não se preocupe comigo, alguém me estenderá a mão.

— Não, pai, não é isso. É que... não me ocorreu ainda o local onde poderia dormir. Não posso tirar ninguém de seus quartos, meus filhos não me perdoariam... a não ser que não se incomode...

— Com o quê?

— Em dormir na varanda...

— Dormir na varanda, está bem.

O filho de Dom Roque chamou seu filho Luís, de doze anos.

— Diga, papai.

— Olha, filho, seu avô passará a viver conosco. Pegue um cobertor para que ele se cubra à noite.

— Sim, papai, com muito prazer... e onde o vovô vai dormir?

— Na varanda, não quer nos incomodar.

Luís esticou a coberta, pegou uma tesoura e a cortou em duas metades. Neste momento chegou o pai.

— O que está fazendo, Luís? Por que está cortando a manta de seu avô?

— Sabe, papai, estava pensando...

— Pensando em quê?

— Em guardar a metade da coberta para quando você ficar velho e for morar na minha casa.

Anônimo

Diga-me o que tem feito na vida e lhe direi o que lhe reserva o destino. Lembre-se de que toda atitude tem como conseqüência uma reação. Trate de modo injusto a seus pais e a vida reagirá através de seus filhos: como se fossem esponjas, absorverão suas atitudes; quando estiver velho, seus filhos vão tratá-lo da mesma forma como você tratou seus pais e lhe devolverão a metade de um cobertor nos mínimos detalhes.

Da vida recebemos o que damos a ela e nunca perderemos o que demos à vida.

Douglas M. Lawson

Por seus filhos o reconhecerão.

Mateus 7:20
A Bíblia Sagrada

O jogo da vida é como um jogo de bumerangues. Nossos pensamentos, ações e palavras voltam para nós com uma precisão incrível.

Anônimo

Meu filho

O dia em que esta velha não for mais a mesma, tenha paciência e me compreenda.

Quando derramar comida sobre a minha roupa e esquecer como amarrar os sapatos, lembre das horas que passei lhe ensinando a fazer estas mesmas coisas.

Se numa conversa repito e repito a mesma história que você já sabe de cor, não me interrompa e me escute. Quando você era pequeno, para que dormisse tive que contar-lhe milhões de vezes a mesma história, até que fechasse os olhos.

Quando estivermos juntos e sem querer eu fizer minhas necessidades, não se aflija e entenda que não tenho culpa, pois já não posso controlá-las. Lembre quantas vezes, quando você era menino, ajudei-o e esperei pacientemente que terminasse de fazer suas necessidades.

Não me censure por não querer tomar banho. Lembre-se dos momentos em que eu o perseguia e dos mil pretextos que inventava para tornar a hora de seu banho mais agradável. Aceite-me e me perdoa, pois agora a criança sou eu.

Quando me achar inútil e ignorante diante de todos os avanços tecnológicos que já não puder entender, imploro-lhe que me dê todo o tempo necessário e não troce de mim com sua gargalhada zombeteira. Lembre-se de que fui eu quem lhe ensinou tantas coisas, até a comer e vestir-se, e que sua educação para enfrentar tão bem a vida hoje é fruto de meu esforço e perseverança.

Se, ao conversar, eu chegar a esquecer do que estávamos falando, dê-me o tempo necessário para que me lembre e, caso eu não consiga, não deboche de mim, talvez não fosse importante o que eu falava e me contente que apenas preste atenção no que diga.

Se de repente eu não quiser comer mais, não insista. Sei o quanto devo comer. Entenda também que com o passar do tempo já não tenho dentes fortes para morder nem paladar para saborear.

Quando minhas pernas falharem, estando cansada para andar, estenda-me uma mão terna em que possa me apoiar, como fiz quando você começou a dar os primeiros passos com suas perninhas gordinhas.

Quando um dia me ouvir dizer que já não quero viver e desejo apenas morrer, não se incomode. Um dia entenderá que não tem nada a ver com seu carinho e com o quanto o amei. Tente entender que já não vivo, sobrevivo e isso não é viver.

Sempre quis o melhor para você e abri todos os caminhos que terá de seguir. Pense então que no próximo passo que darei, estarei construindo para você mais uma trilha, noutro lugar, mas sempre com você.

Não se sinta triste ou impotente por me ver como estou. Entregue-me seu coração, entenda-me e me apóie como fiz desde que nasceu.

Do mesmo modo que o acompanhei em seu caminhar, peço-lhe que me acompanhe ao completar o meu. Dê-me amor e paciência que eu lhe devolverei gratidão e sorrisos com o imenso amor que tenho por você...

Anônimo

Antes de sentenciar ou criticar seus pais, pense no quanto fizeram por você. Lembre que provavelmente já passou pela mesma situação que eles, mas talvez não se recorde porque era pequenino; seus pais enfrentaram as dificuldades do mundo, importando-se apenas com que você pudesse crescer e se desenvolver. Não há nada mais generoso e nobre nesta vida do que devolver amor com amor.

Cooperar é fazer com um sorriso nos lábios o que se tem que fazer de um jeito ou de outro.

Quote Magazine

O milagre se dá assim: quanto mais ajudamos, mais temos.

Leonard Nimio

Dormi e sonhei que a vida era felicidade. Acordei e vi que a vida era trabalho. Trabalhei e descobri que no trabalho se encontra a felicidade.

Rabindranath Tagore

Eu matei meu filho!

— Querido filho, por que você fez isso? — dizia um senhor muito perturbado enquanto abraçava um adolescente que se encontrava em estado grave por causa de um tiro na barriga. — Como você pode ter se envolvido num crime, se sempre lhe dei tudo o que quis? — gritava soluçando.

— Por acaso não se recorda? — disse-lhe uma voz que vinha do mais profundo de seu íntimo. Então, dentro dele mesmo, deu-se um monólogo, como se falasse com sua própria consciência.

— Como posso saber por que se envolveu neste assalto, se sempre lhei dei tudo o que precisava?

— Refere-se ao lado financeiro, que é outra coisa — tornou a responder aquela voz e continuou: — Ontem mesmo, seu filho lhe disse que tinha problemas, o que foi que respondeu a ele? "Saia, não tenho tempo para escutar bobagens...", e o rapaz ficou triste, cabisbaixo e saiu sem dar mais nenhuma palavra.

— Lembra daquele Dia dos Pais em que ele disse que o amava? Em vez de abraçá-lo respondeu: "Deixe isso para as mulheres, isso não é coisa para homens..." Ele ficou também três meses sem ir ao colégio e você só se deu conta disso quando convocaram-no a comparecer na escola. Os negócios sempre foram mais importantes do que sua família; importa-se mais com os amigos do que em estabelecer laços de amizade com seu filho; dedica-se mais aos jogos e à farra do que a ficar algumas horas de seu dia com seu filho. Diga-me, então: quem o sucederá, quem desfrutará de seus méritos, de seu sucesso, seu sacrifício e riqueza?

O senhor, tentando justificar-se, voltou a se defender dizendo:

— Alguém tinha que trabalhar, levar o dinheiro pra casa, não podia permitir que vivêssemos na miséria.

— O que é miséria? — perguntou a voz. — A pobreza financeira ou a pobreza espiritual na qual se meteu? Olhe bem para seu filho, está em seu colo, morrendo, escute suas palavras... mamãe, mamãe, me perdoa... Nunca falou seu nome, nem sequer lembra de você, faz tempo que não sabe nada de você. Passaram-se dez anos da última vez em que jogaram futebol juntos, ele ainda era um menino, naqueles momentos ele dizia que você era seu melhor amigo, lembra? Porém você foi morrendo aos poucos para ele, tornando-se um ser mesquinho e avarento que sem dúvida nenhuma é a pior das misérias.

— Tem razão, eu matei meu filho! — exclamou aquele homem e arrependido disse ainda: — Perdão, meu, Deus, perdoa-me, filhinho! — dizia enquanto o pranto saía do mais profundo de seu coração e inundava o rosto de seu filho.

O jovem, ao sentir aquelas lágrimas, reagiu e disse a seu pai:

— Perdoe-me, meu pai, porque lhe roubei, quis escolher o caminho mais fácil e me enganei; ontem lhe pedi o dinheiro da formatura e gastei-o indevidamente, tentei contar a você e me desculpar, mas você disse: "Saia, não tenho tempo para perder com bobagens!" Irado com sua resposta e com medo de que me repreendesse, foi mais fácil roubar a loja ao lado de casa e não me preocupar mais com isso, mas olha só: falhei em minhas intenções. Você não tem culpa de nada. Papai, estou morrendo, mas antes quero dizer que dou graças a Deus por ter tido um pai como você. Pede a mamãe para me perdoar e diga que a amo muito.

Nesse instante, seus olhos se fecharam e ele morreu.

O pai exclamou soluçando:

— Me perdoa, filho! Me perdoa! Eu te matei, eu matei meu filho!

Enrique Villarreal Aguilar

Desfrute de cada momento de sua vida com seus filhos. Não importa a idade que tenham, nem como eles pensam; este é o momento de nos aproximarmos deles e demonstrar que podem confiar em nós, mesmo que tenham cometido um erro. É sempre melhor dedicar-lhes alguns minutos a ouvi-los e ajudá-los com os problemas, do que pedir um tempo de silêncio...

Entre as responsabilidades e privilégios que nos são oferecidos pela vida, nada se equipara à importância de formar a sua próxima geração.

C. Everett Koop

Comandar uma família é tão difícil quanto comandar um reino.

Montaigne

Todo homem deveria ter um *hobby*: aprender a usar o dinheiro é o melhor.

Jack Herley

Diário incompleto

5 de outubro

Hoje minha vida começou. Contudo meus pais ainda não sabem. Sou tão pequena quanto um caroço de maçã, porém já sou eu, e apesar de ainda não ter forma definida, serei uma menina; também terei cabelos louros e olhos azuis e sei que gostarei de todas as flores.

19 de outubro

Cresci um pouco, mas ainda sou pequena demais para fazer algo por mim mesma; mamãe faz quase tudo; o mais engraçado é que nem sequer sabe que me carrega no ventre, precisamente debaixo do coração e me alimenta com seu próprio sangue.

23 de outubro

Minha boca começa a tomar forma. Dentro de um ano, mais ou menos isso, já estarei rindo e mais tarde poderei falar e até já sei qual será minha primeira palavra: mamãe... Quem pode dizer que já não sou uma pessoa viva?

27 de outubro

Hoje meu coração começou a bater por conta própria, de agora em diante baterá suavemente por toda a minha vida, sem nunca parar para descansar. Mais tarde, depois de muitos anos, se sentirá cansado, até parar e morrer, porém agora não é o fim, mas o começo.

2 de novembro

A cada dia cresço mais um pouquinho; meus braços e minhas pernas estão tomando forma. Quanto tempo terei que esperar para que meus pés me levem correndo aos braços de minha mãe e para que meus bracinhos se estendam alegremente ao meu pai?

12 de novembro

Em minhas mãos começam a se formar uns dedos, mínimos; é extraordinário como são pequenos. Que maravilha serão! Acariciarão um cachorrinho, segurarão uma bola, retirarão uma flor, tocarão noutra mão. Meus dedos! Talvez um dia possam tocar piano ou pintar um quadro.

20 de novembro

Hoje o médico comunicou a mamãe, pela primeira vez, que estou vivendo aqui, bem embaixo de seu coração. Não se sente feliz, mamãe? Logo, logo estarei em seus braços.

24 de novembro

Meus pais ainda não sabem que serei uma menina, talvez esperem um menino, ou talvez gêmeos, porém farei uma surpresa a eles! Vou me chamar Catarina, como minha mãe.

10 de dezembro

Meu rostinho está completamente formado, tomara que eu me pareça com minha mãe.

13 de dezembro

Já consigo enxergar um pouquinho, porém estou rodeada de escuridão, mas logo meus olhos se abrirão ao mundo de sol, flores e crianças. Nunca vi o sol, nem uma montanha ou um arco-íris. Como serão na verdade? Como será você, mamãe? Quem dera já pudesse conhecê-la.

24 de dezembro

Mamãe, posso ouvir seu coração batendo! Será que você pode ouvir o meu? Tão leve como um sussurro, sempre igual. Tum, Tum, Tum, Tum... Terá uma filha saudável, mamãe. Sei que alguns bebês têm dificuldade de entrar no mundo, mas há médicos que cuidam caridosamente de recém-nascidos e de suas mamães. Sei também que algumas mães prefeririam não ter o filho que carregam no colo, mas estou ansiosa em me ver em seus braços, em tocá-la, em olhá-la nos olhos. Será que me aguarda com a mesma ansiedade com que a espero? Hein? Jura que sim?

28 de dezembro

Mamãe... Por que permitiu que me matassem... Teríamos sido tão felizes juntas...

Anônimo

Tem pessoas que fazem coisas para pensar "estão sempre em dificuldades, deixam-se levar pelos impulsos, nunca alcançam nada na vida". Costumam citar o velho provérbio que diz "quem não sabe aonde vai, acaba em qualquer lugar". São aqueles que agem mas não pensam. E tomam decisões precipitadas que acabam prejudicando inocentes. Felizmente, há pessoas que pensam antes de agir; a felicidade será o destino delas.

É triste não ser amado, porém muito mais triste é não poder amar.

Miguel de Unamuno

Não se pode desfolhar uma flor sem perturbar uma estrela.

Francis Thompson

Quando alguém querido morre, o céu ganha uma estrela e o coração se entristece.

Enrique Villarreal Aguilar

O velho

Desde que saí de casa não paro de pensar no velho. Seu rosto e seus conselhos permanecem imanentes em minha memória. Como é irônica a vida: quanto mais me distancio dele, mais perto está de meu coração.

Como lembro daquele dia em que, um tanto temeroso, aproximei-me de meus pais e disse a eles:

— Papai, mamãe, decidi estudar na universidade fora da cidade. Peço seu apoio e compreensão.

Mamãe, desconsolada, começou a chorar, e o velho, sempre sereno, com os olhos nublados, porém impávido diante da emoção, comentou:

— Vá em frente! Certa vez, há muitos anos, tomei a mesma decisão que você, também fui falar com meus pais e minha mãe começou a chorar, meu pai me tomou nos braços assim como faço com você e me abraçou como estou fazendo com você agora, enquanto me falava: "Lembre-se de cinco palavras para enfrentar a vida e, toda vez que estiver deprimido ou a ponto de abandonar um objetivo, elas lhe darão a solução: jamais me darei por vencido.

"Em seus momentos de prosperidade, ajude a quem necessite, certamente encontrará neste um amigo que o ajudará nos momentos de dificuldades.

"A preparação é o alicerce que sustenta a bandeira do êxito, um ornamento que apoiará seus sonhos.

"Antes de julgar seu semelhante, pense no que você faria se

estivesse no lugar dele. Não critique, não sancione, aprenda a perdoar os outros, porém antes aprenda a perdoar a si mesmo.

"Porém o mais importante, filho, é que nunca esqueça de suas raízes, de Deus e de sua mãe.

Naquele dia, pela primeira vez, vi meu pai soluçar. Rapidamente peguei minhas coisas e deixei minha casa.

Enrique Villarreal Aguilar

A você, sonhador arrogante que tudo tenta mudar, que nem por um só instante deixou de lutar, confesse para mim, em quantas lutas já não o vi soluçar? Porém, jamais deu você um passo vacilante. Buscando novos horizontes a dominar, campeador de primeira viagem, se em sua batalha interior escutar ruídos furtivos, pode ser o amor.

Amigo, tome minha mão; nela pode confiar, eu sei que tenho seu ombro para refugiar-me; combatamos pois juntos, enquanto o mundo jubiloso abre suas portas, vendo passar orgulhosos um pai com seu filho. Campeador amigo, progredimos ao andar, ao buscar novos horizontes para começar a batalha.

Os anos ensinam muitas coisas que os dias desconhecem.

Emerson

A experiência é a mãe dos bons conselhos.

Juan de Torres

A pior velhice é a do espírito.

William Hazlitt

SUPERAÇÃO

Aquele que governa a sua mente,
orquestra a sua vida.

Enrique Villarreal Aguilar

Sonhe

Sonhe, sonhe com o milagre da vida, da qual você é o protagonista, já que eleito entre milhares de outros que não chegaram a alcançar a grandeza de tornar-se um novo ser na face da Terra.

Sonhe que é um ser perfeito, nascido para escalar montanhas e alcançar estrelas, para enfrentar as facilidades e vicissitudes da vida, para amar e fazer felizes todos que o cercam.

Sonhe e avance serenamente, sem retroceder diante da mediocridade, do conformismo e da indiferença; não permita que o desânimo se apodere de você, assim poderá observar o umbral do êxito.

Sonhe que é uma pessoa única; entre todas as centenas de milhões de seres que há na humanidade não há um igual a você. Pode realizar tudo o que se propuser a fazer, porque é dono de sua mente, seu corpo, suas ações e emoções.

Sonhe e lembre que não deve permitir jamais a supervalorização e a adulação exagerada, pois estas envenenam a alma e o afastam do caminho da humanidade, que é o caminho para chegar a Deus. Não permita que o sucesso de ontem deixe-o displicente para continuar em busca de sua missão existencial.

Sonhe que hoje você pode sorrir, ser amável e agradável com seus semelhantes; que terá um dia de paz interior e harmonia, arrancando do mais profundo de seu ser aquelas tristezas que o impedem de ser feliz. Assim, com toda certeza transformará todo pensamento negativo em positivo.

Sonhe, o ontem ficou para trás, já se enterrou; só resta o hoje em harmonia com o futuro. Você nasceu para triunfar, para observar do ponto mais alto o belo panorama que a natureza reserva aos vencedores.

Sonhe e tenha fé em Deus para que ele lhe dê o poder de escolher corretamente seu destino, e não se preocupe com a queda; todos nós temos que tropeçar alguma vez antes de chegar à nossa meta, ao objetivo almejado. Esforce-se para que suas quedas tornem-se experiências e não derrotas.

Sonhe, realize agora mesmo, não há tempo a perder. Enquanto os medíocres dormem, deve ir em busca de seu destino, lembrando sempre destas palavras: "Realize neste instante" e, quando se sentir tentado a desistir, lembre-se: "Realize neste instante."

Ao final do dia, reflita sobre suas atitudes, dê graças ao Senhor por dar-lhe a oportunidade de desfrutar de mais um lindo dia, reze acreditando que as orações sinceras podem envolver todos os seres que amamos no amor e na proteção de Deus, e lembre que os sonhos de hoje levados à ação são as realizações de amanhã.

SONHE.

Enrique Villarreal Aguilar

*P*ense: *você nasceu para vencer, para ser feliz e alcançar todas as suas metas. Programe-se para que o êxito seja parte integrante de sua vida; porém, lembre-se, "o único lugar onde* o sucesso está longe do trabalho é no dicionário". Só perseverando poderá alcançar seus objetivos e tocar os sonhos almejados.

Se você pode sonhar, pode alcançar.

Walt Disney

Um sonhador vive eternamente; um pensador morre um dia.

O'Reilly

Tudo o que puder fazer ou sonhar, comece. A ousadia traz em si o gênio, o poder e a magia.

Goethe

Alto! Quem está aí?

Com uma voz penetrante e num tom extremamente autoritário, o guarda perguntou:
— Alto! Quem está aí?
O prisioneiro, surpreso, respondeu:
— Sou eu.
— E quem é você? — insistiu o guarda.
Perplexo, o homem respondeu como se estivesse penalizado:
— Apenas eu... João Peres.
Com uma voz firme, o guarda replicou:
— Seu nome não me diz nada. Exijo que me diga quem é você!
O preso hesitou por um momento e respondeu amargurado:
— Eu realmente não sei.
— Volte para onde estava! — gritou o guarda. — Você não pode entrar no mundo da liberdade!
O prisioneiro abaixou a cabeça, deixou seus ombros caírem sobre o corpo já enfraquecido, deu meia-volta e foi-se.
Outro prisioneiro chegou. A voz do guarda era penetrante. Fazendo uso de uma autoridade pouco comum, gritou:
— Alto! Quem está aí?
Demonstrando plena confiança, o outro prisioneiro respondeu:

— Eu!

O guarda elevou ainda mais o tom de sua voz:

— Seu nome não me diz nada. Quem é você?

Dotado de uma serenidade não isenta de confiança, o sujeito respondeu:

— Sou um ser humano, um indivíduo, uma pessoa com vontade própria e talentos especiais. Você não pode impedir que eu me liberte porque EU sou eu e quero o que me aguarda lá fora.

O guarda se afastou e as portas se abriram.

F. Arthur Clark

Alguém já lhe perguntou quem é você? Qual é o seu maior desejo? Quais são suas metas e objetivos de vida? Para que você existe? Este é o momento de refletir sobre estas perguntas e encaminhar o leme de sua existência na direção do destino certo que o projete para o portal do novo eu. Lembre o que diz aquele ditado: "Quem não sabe aonde vai, acaba em qualquer lugar."

Se é homem, admire aqueles que tentam grandes coisas, mesmo quando fracassam.

Sêneca

Um homem de caráter pode ser derrotado, nunca destruído.

Ernest Hemingway

São cinco as maneiras com as quais um homem deve servir a seus amigos e familiares: com generosidade, cortesia e benevolência, tratando-os como trata a si mesmo e sendo tão bom quanto sua palavra.

Buda

O semeador

Caminhando na rota de meu destino, encontrei um ancião brincando com duas crianças que riam de seus ensinamentos. Curioso sobre aquela conversa amena, aproximei-me e perguntei:
— O que faz, senhor?
— Semeio — foi sua resposta.
Assustado, eu disse:
— Mas não vejo o campo, nem o que está semeando.
— O que semeio não se vê, não se come, nem se toca, só se colhe e se sente.
— Desculpe, não entendi sua mensagem — respondi.
O ancião esboçou um sorriso, olhou-me com ternura e disse-me:
— Meu pequeno filho, vê aquele bebê que acaba de chegar na vida daquele jovem casal? Veio para dar-lhes alegria, amor e sorte; chegou para unir numa só pessoa essa família: é o semeador de um lar.

"Aquele jovem adolescente, que concluiu seus estudos com excelentes notas, deu orgulho a seus pais e brindou-os com a satisfação de deixar um filho melhor para a humanidade; é semeador de uma nova esperança.

"Aquela garotinha, que agora é uma moça a festejar suas quinze primaveras, representa a pureza que todos temos em nosso íntimo. Ela, com sua presença e princípios, premia com felicidade a sua família. Ela semeia orgulho.

"Todos eles são semeadores de um mundo melhor; semearam o amor, a paz, a sorte e a cordialidade, fomentando a felicidade entre todos aqueles que os cercam e colheram o carinho de toda a sua família.

Sem querer, senti um tremendo remorso ao pensar no que vinha fazendo em minha vida, o que estava semeando em meus pais, meus irmãos, amigos e em minha família.

Perguntei então ao ancião:

— O que posso fazer para ser um semeador?

Ele respondeu:

— Só permita que brote de você o que há de mais belo em sua natureza, que os sentimentos positivos guiem seu destino, ame sem esperar que lhe amem, dê sem esperar nada em troca, perdoe sem esperar que o perdoem e então irá mudar radicalmente a sua vida. Lembre que tudo que der à vida, ela lhe devolverá em dobro.

O ancião sorriu novamente e saiu em silêncio sem dizer nem ao menos quem era. Nunca soube seu nome, porém em meu coração sempre lembrarei dele como o SEMEADOR.

Enrique Villarreal Aguilar

Decida: o que deseja semear em sua vida? O que quer criar? Faça-o e certamente a sorte se aproximará de você sem que perceba para devolver-lhe em abundância aquilo que fez pelos outros. Pense: semeie o mal e colherá castigo; semeie amor e colherá esperança, alegria e fé num mundo melhor.

Se deseja um ano de prosperidade, cultiva arroz; se deseja dez anos de prosperidade, cultive árvores; porém se quiser cem anos de prosperidade, cultive pessoas.

Provérbio chinês

Não se pode semear o grão e colher os frutos no dia seguinte.

Jesse Jackson

Semeie um pensamento e colherá uma ação; semeie uma ação e colherá um hábito; semeie um hábito e colherá um caráter; semeie um caráter e colherá seu destino.

Provérbio chinês

A corda da vida

Contam que um alpinista, desesperado para subir o Aconcágua, começou sua escalada depois de anos de preparação.

Porém queria que o mérito fosse só dele, assim subiu sem companheiros. Começou a subir e foi ficando tarde, escurecendo cada vez mais.

Não se preparou para acampar, então continuou subindo decidido a chegar no topo, até que veio a escuridão.

A noite caiu pesadamente por sobre a montanha; já não podia ver absolutamente nada, tudo era negro, sem visibilidade nenhuma, não havia lua e as estrelas estavam cobertas pelas nuvens.

Subindo por um paredão, a apenas cem metros do topo, tropeçou e despencou pelo ar... caía a uma velocidade vertiginosa, só podia ver manchas escuras velozes que passavam na noite, e a terrível sensação de ser sugado pela gravidade.

Continuava caindo... e nesses angustiantes momentos passaram por sua cabeça todos os bons e maus momentos de sua vida. Pensava que iria morrer, sem dúvida, quando de repente sentiu um puxão muito forte, que quase o partiu ao meio... Sim, como todo alpinista experiente, ele havia cravado estacas de segurança enganchadas a uma longuíssima soga que o amarrava pela cintura.

Depois de um momento de silêncio, suspenso no ar, gritou com todas as suas forças:
— Ajude-me, meu Deus!
Uma voz grave e profunda do céu respondeu:
— O que quer que eu faça, meu filho?
— Salve-me, meu Deus!
— Acredita realmente que eu posso salvá-lo?
— Claro, Senhor.
— Então corte a corda que o sustenta...
Houve um minuto de silêncio e quietude. O homem se agarrou ainda mais à corda e pensou...
Conta a equipe de resgate que no dia seguinte encontraram dependurado um alpinista morto e congelado, com suas mãos fortemente agarradas a uma corda... a apenas dois metros do chão...

Anônimo

Como alguém pode estar tão sujeito à "amarra do comodismo", aos velhos conceitos que dizem que não pode ser melhor do que os outros, que não pode deixar o trabalho porque tem medo do "depois quem me contratará?". Como não pode começar seu próprio negócio, se assim quiser? A "corda" representa todos aqueles temores, medos, modelos impostos ou padrões de conduta que vem trazendo ao longo de toda sua vida e que não pode deixar porque está preso a eles, sem os quais pensa correr o risco de fracassar... Atreva-se a soltar a corda e vá em busca de sua própria identidade e do êxito.

Arrisque! Arrisque o que seja! Que já não lhe importem as opiniões dos outros, suas vozes. Realiza aquilo que lhe pareça mais difícil. Faça por você mesmo. Enfrente a verdade.

Katherine Mansfield

Aspire à perfeição em tudo, ainda que esta seja inatingível. Os que a perseguem e perseveram se aproximam mais dela do que aqueles cuja preguiça e desânimo fazem abandoná-la por ser inatingível.

Chesterfield

Mude seus pensamentos e mudará seu mundo.

Norman Vincent Peale

Amiga ou inimiga?

Olá! Lembra de mim? Estive com você durante toda a sua vida. Quando era um bebê, ajudei-o a dar os primeiros passos; lembro que era uma criança muito persistente, caiu várias vezes antes de caminhar, às vezes chorava, às vezes ria, porém sempre se esforçou para alcançar seus propósitos. Não entendo por que alguns adultos não seguem o exemplo dos bebês... A grande maioria deles cai e não faz nada para se levantar, sua vida gira em torno da busca de pretextos para culpar os outros pelos seus fracassos.

Fiquei ao seu lado nos momentos mais transcendentes de sua existência. Recorde-se: quando conheceu sua noiva, eu o ajudei a conseguir seu amor; por minha causa conseguiu completar seus estudos e cumpriu aquelas promessas que iniciaram no ano novo. Quanto trabalho nos custou! Porém conseguimos levá-las adiante.

E aqueles sonhos, aqueles desejos, aqueles ideais que pareciam impossíveis, são hoje uma realidade. Comigo o impossível é a realidade de amanhã, sempre estive em seus méritos e vitórias, sou o início de seus sonhos e o final de seus êxitos. Graças a mim, você encontrou a estrela que guiou seu destino pelo caminho da felicidade.

Os grandes homens da história, como Mahatma Gandhi, Aristóteles, Hidalgo, Franklin, Beethoven, Michelangelo e tantos outros lutaram contra mim como um vaqueiro tenta domar um cavalo selvagem e ao fim nos transformamos em grandes amigos.

Quero dizer-lhe que estou muito triste. Ultimamente você tem se desentendido comigo, tem me deixado de lado; parece que não nos entendemos mais, a comodidade nos afastou, você já não quer se esforçar, descuidou-se de sua aparência, de sua organização, engordou, quer tudo sem ter que se esforçar nada, assim não pense em contar comigo. Eu nunca estarei ao lado de um fracassado!

Quer saber se sou elitista?

Claro que sou elitista! A mim interessam os meus amigos, prefiro estar só a mal acompanhada. As pessoas medíocres me cansam, me desesperam, me entristecem, por isso não posso permanecer ao lado delas. Mas eu sei que você é diferente. Você nasceu vitorioso, é saudável, inteligente, não lhe falta nenhum dos sentidos, tem todas as qualidades para ser extraordinário. Mude sua conduta e muito feliz ficarei em voltar a acompanhá-lo e juntos retomaremos a vida que você abandonou. Voltaremos a visitar nossos entes queridos, a fazer exercício, terminaremos nossos estudos, seremos mais produtivos no trabalho, alcançaremos nossas metas e lhe prometo que todos os sonhos que hoje imaginamos transformaremos em realidade.

Lembre que ao final posso ser sua melhor amiga ou sua pior inimiga. Você pode escolher de que lado me quer ter.

Quem sou eu?

A PERSEVERANÇA

P.S.: Há quem me chame de força de vontade, tenacidade. Chame do que quiser, mas ande sempre comigo.

Enrique Villarreal Aguilar

Se deseja que a vida lhe sorria, se quer ter tudo o que sempre sonhou, se quer ser o melhor e contemplar os louros do triunfo, se quer alcançar o objetivo almejado, se quer que a fortuna esteja a seu lado, é muito simples. A chave secreta para alcançar tudo o que quiser é... perseverar! E neste dia sua vida já será outra.

Aspire à perfeição em tudo, ainda que esta seja inatingível. Os que a perseguem e perseveram se aproximam mais dela do que aqueles cuja preguiça e desânimo fazem abandoná-la por ser inatingível.

Chesterfield

A perseverança é uma flor que só cresce no jardim dos vencedores.

Enrique Villarreal Aguilar

Enfrentar, enfrentar sempre, esta é a única maneira de alcançar a meta. Entenda isso.

Joseph Conrad

O céu e o inferno

Certa vez, um guerreiro samurai desafiou um mestre zen a lhe explicar o conceito de céu e inferno. Porém o monge respondeu com desdém:

— Você não passa de um simplório! Não tenho tempo a perder com indivíduos como você!

Profundamente ferido, o samurai deixou-se levar pela ira, desembainhou sua espada e gritou:

— Eu poderia matá-lo por sua impertinência!

— Isto — respondeu o monge calmamente — é o inferno.

Desconcertado, ao perceber a verdade no que o mestre apontava em relação à fúria que o dominava, o samurai se acalmou, embainhou a espada e inclinou-se, agradecendo ao monge a lição.

— E isto — acrescentou o monge — é o céu.

Parábola japonesa

Nunca deixe que a fúria tome conta de você, pois poderá cometer atos dos quais mais cedo ou mais tarde se arrependerá. Antes de repreender alguém, de se vingar, conte até dez, pense que é melhor conversar e explicar à pessoa que o fez sentir-se irado a razão de seu aborrecimento. Você será escutado, entendido e lembrado como a pessoa que sempre teve domínio sobre si mesmo, alguém que entendeu a perfeição dos conceitos de céu e de inferno.

O homem mais poderoso é o que domina a si mesmo.

Sêneca

Conheça a si mesmo e conheça seu inimigo e, em cem batalhas, vencerá cem. Se conhecer a si mesmo, porém não conhecer seu inimigo, vencerá cinqüenta batalhas em cem. Porém, se você não se conhece, e tampouco conhece o inimigo, então, de cem batalhas, todas perderá.

Provérbio chinês

Governe a sua mente ou ela o governará.

Horácio

O testamento

Faz três dias que o velho nos deixou, foi viver com Deus e daqui a alguns instantes será lido seu testamento. Que importam os bens que nos deixou se para nós só interessava que ele estivesse bem?

Acaba de chegar o tabelião, cumprimenta a todos respeitosamente, tira um livro estranho onde está o testamento de meu pai, abre-o lentamente e começa a ler sua última vontade:

"Querido filho:

"Quando estiver lendo estas palavras, meu corpo já não estará com vocês, mas meu coração e minha alma sempre permanecerão ao seu lado e de sua mãe, pois assim é desde o dia em que a conheci, e quando o peguei pela primeira vez, ainda pequeno, estremecendo em meus braços.

"No decorrer de minha vida, mais do que acumular fortuna, acumulei amor; por isso os bens que eu poderia lhes deixar não têm importância, são de sua mãe, ela está acostumada a dividir tudo com você, já que lhe deu sua própria vida.

"Meu verdadeiro testamento é o seguinte:

"Atreva-se a amar a vida; só aqueles que estão dispostos a dar poderão receber o dia de amanhã. Lembre sempre que, se quiser alcançar o êxito, terá que ajudar os outros a realizar seus sonhos, e eles, sem que os peça, o ajudarão a realizar o que sempre desejou. Pratique a bela arte das relações públicas e humanas.

"Defina suas metas e objetivos em qualquer atitude que tome na vida, não importa o quão grandes ou pequenas sejam, o quão duradouras ou efêmeras, transcendentes ou fúteis. O importante é definir o que deseja para o dia de amanhã e o que tem que aprender hoje para alcançar suas metas e objetivos.

"Nunca desista de seus objetivos, não importa que tropece várias vezes. Nunca conheci alguém que tenha alcançado os mais altos pontos enquanto estivesse descansando, nem existe quem alcance o sucesso antes do esforço.

"Cultive bons hábitos, porque eles serão um degrau a impulsioná-lo nos momentos críticos para consertar o caos que se observa em muitas situações na vida.

"Antes de julgar alguém, pense se não está cometendo os mesmos erros; lembre que é muito fácil criticar, porém é difícil fazer coisas que ajudem aos nossos irmãos. Pratique a empatia.

"Demonstre uma atitude positiva em tudo que realizar em sua vida. Se em algum momento alguma coisa o perturbar, liberte-se, porém, imediatamente depois, mude decididamente seu pensamento, de modo que só a felicidade possa guiar seu caminho.

"Aprenda a se conhecer, conheça seus defeitos, lute contra eles e tente arrancá-los do mais íntimo de seu ser. Dome estes defeitos e submeta-os à sua vontade. Continue cultivando suas virtudes, porque um dia elas lhe darão excelentes frutos.

"Seja uma pessoa extraordinária que costuma dar mais do que as pessoas comuns; seja um pai melhor, um funcionário melhor, um filho melhor, mas nunca permita que a monotonia o desanime e faça com que se torne uma pessoa medíocre.

"Nunca deixe nada para amanhã, hoje é o dia destinado ao seu êxito na vida. O amanhã foi criado para quem vive de ilusão.

"Lembre-se que você nasceu do amor, que foi criado por dois seres que desejaram apaixonadamente sua existência, que é único, a obra mais grandiosa que há na natureza."

Daquele dia em diante, mudei radicalmente a minha vida. Sou diferente e aplico todos os conceitos que me deixou o velho, meu papai! Graças a você, pai, sou uma pessoa bem-sucedida! Nunca vou esquecê-lo, obrigado por seu testamento.

Enrique Villarreal Aguilar

Nunca tire as pedras do caminho de seus filhos. É melhor ensiná-los a esquivar-se delas e eles lhe agradecerão ainda mais, pois a melhor herança para um filho não é o dinheiro, talvez nem mesmo uma carreira, mas proporcionar-lhes ao longo de sua vida bons valores para que tenham a capacidade de compreender e realizar todos os sonhos que façam parte de seu destino.

O sucesso na vida consiste em seguir sempre adiante.

Samuel Johnson

Se alguém avança com segurança na direção de seus sonhos e empenha-se em viver a vida que imaginou, encontrará um sucesso inesperado em momentos cotidianos.

Henry David Thoreau

O êxito avança para alcançar suas metas e nunca fica satisfeito, pais não pode perceber o quão longe fica o topo, exceto pelas limitações de nossa própria mente. Uma vez decidido o quão longe é o lugar aonde se quer chegar, é exatamente lá aonde se chegará.

Miguel Ángel Cornejo y Rosado

Os bens e os males

Os bons sentimentos estavam festejando as belezas da vida. Brincavam e celebravam felizes, quando de repente se escutou um ruído estranho.

— Ouviram esse barulho? — perguntou a perseverança.

— Claro — respondeu a empatia. — Deve ser alguma brincadeira dos maus que sempre tentam atrapalhar tudo o que fazemos.

Porém o hábito comentou:

— Vem daquela cesta, parece um choro. Vamos ver o que é.

Ao se aproximarem, os bens da vida ficaram surpresos ao se darem conta do que havia naquela cesta.

Uma linda criança estava diante deles!

A humildade, líder de todos os bons, tomou o bebê em seus braços e exclamou:

— Que linda criatura! Vê-se que foi feita à imagem e semelhança de Deus. Quanta pureza, quanta perfeição! De agora em diante, vamos cuidar dela e estaremos onde quer que ela esteja e, como presente nosso, viveremos dentro dela e ela terá todo o bem que há na natureza; nada poderá deter seu caminho; dominará o cosmo, qualquer montanha que deseje escalar alcançará, se o desejar. A virtude é seu destino, o amor, a perseverança e a fé, as estrelas que iluminam a sua vida. Chamaremos a esta criança Homem, o rei da criação.

Todos aceitaram felizes.

Porém a intriga e a mentira, que costumam se dedicar a ouvir o que os outros falam, se inteiraram da notícia e imediatamente foram comunicar tal acontecimento aos maus.

Rapidamente, todo mundo soube da existência do Homem e os maus tentaram aportar dentro daquele ser. Não puderam porque os bens já o habitavam: a pureza daquele belo e pequeno ser os impedia.

Assim, deixaram passar o tempo e o menino cresceu, tornou-se um jovem forte e aplicado. Mas infelizmente conheceu a preguiça e disse-lhe:

— Que linda você é! Como se chama?

Ela respondeu num tom doce que escondia um toque de hipocrisia.

— Uns me chamam de preguiça, outros de comodidade, porém meu ideal é que aproveite a vida sem fazer nada. Leve-me com você ainda que seja por um dia e verá tudo o que pode desfrutar.

A ação, ao perceber que a preguiça estava agindo, disse ao jovem:

— Não a escute, siga seu caminho em direção ao sucesso e esqueça-a.

Porém, o jovem decidiu não escutar a ação e disse a si mesmo: "Não será mais do que um dia, e depois me desfaço dela; como não pode viver dentro de mim, porque os bens já moram em mim, vou carregá-la só este dia."

E passou este dia e outro e mais outro e aquele jovem continuou carregando pelo resto de sua existência não só a preguiça, mas também outros males como a luxúria, a gula, a idolatria e seus companheiros.

Outros homens vieram depois e deram-se conta do que se passava com o jovem e decidiram carregar outros males.

Desde então há homens que parecem carregar os males e são conhecidos por "fracassados". Porém existem outros que sabem que possuem os bens dentro deles e reconhecem imediatamente os maus, decidindo afastá-los de sua existência. Eles cultivaram dentro de si só o bem e são os chamados "vencedores".

Tanto os fracassados como os vencedores seguem o jogo da vida e decidem o que querem, pois está em suas mãos a escolha entre os bens e os males.

Enrique Villarreal Aguilar

Enfrente seu destino com gentileza e justiça, retire de seu ser o desânimo e a preguiça e logo encontrará resposta para todos os seus desejos. A realização será a chave que o levará aonde quiser; o mundo se abrirá aos seus pés e o chamarão de "vencedor"; porém se decidir carregar os males, a mediocridade o abraçará com violência.

O caminho da virtude é muito estreito, e o caminho do vício, amplo e espaçoso.

Cervantes

O homem superior pensa sempre na virtude. O homem vulgar pensa na comodidade.

Confúcio

Conhecimento é saber o que fazer depois. Virtude é fazê-lo.

David Starr Jordan

Parábola dos dois mares

Há dois mares na Palestina. Um é limpo e cheio de peixes, com lindas plantas que adornam suas margens, árvores que estendem seus ramos por sobre ele e aumentam suas sedentas raízes para beber suas saudáveis águas e em suas praias as crianças brincam.

O rio Jordão desemboca neste mar, com borbulhantes águas das colinas que riem ao entardecer. Os homens constroem suas casas na periferia e os pássaros seus ninhos e toda espécie de vida é feliz por estar ali.

O rio Jordão espraia-se na direção sul até o outro mar. Aqui não há sinais de vida, nem murmúrios de folhas, nem canto de pássaros ou risos de crianças. Os viajantes escolhem outro rumo e apenas em situação de emergência cruzam-no, o ar é rarefeito sobre suas águas e nenhum homem, cavalos ou aves bebem dessa água.

Por que tanta diferença entre estes mares vizinhos? Não é o rio Jordão que leva a mesma água aos dois lados? Não é o solo onde estão, nem o campo que os rodeia. A diferença é a seguinte:

O mar da Galiléia recebe o rio porém não o retém. Para cada gota que recebe, uma sai. O dar e receber se equivalem.

O outro mar é um avarento... guarda o que entra nele com muito ciúme. Não tem um impulso generoso. Cada gota que chega, fica ali.

O mar da Galiléia dá e vive.
O outro mar não dá nada. Chamam-no de mar Morto.

Só os grandes de coração e de alma estão dispostos a doar. São estes que estão mudando o mundo e que à custa de suas próprias vidas lutam por um mundo melhor. São os que poderiam ser chamados de filhos de Deus.
E nós? Estamos dispostos a dar?

O espírito se fortalece mais quando serve do que quando é servido.

C.P. Rubén Picazo Manríquez

Você pode alcançar tudo o que quiser nesta vida se ajudar bastante gente a alcançar o que querem desta vida.

Zig Ziglar

Ama a teu próximo como a ti mesmo.

Bíblia Sagrada

O velho alquimista

Um jovem de uma aldeia chamado Jamir tinha o sonho de ser alquimista e impôs-se a tarefa de buscar a felicidade, então decidiu procurar o sábio do povoado, também conhecido como o Velho Alquimista. Ao chegar à casa deste, bateu na porta e o Velho Alquimista gritou-lhe que entrasse. Dentro da casa, o velho lhe perguntou:
— Que deseja, filho?
O jovem, um tanto nervoso, respondeu:
— Mestre, desejo ser alquimista como o senhor e vou partir em busca da felicidade. Poderia me dizer algum caminho para chegar a ela?
O Velho Alquimista sorriu. Lembrou que há sessenta anos tomara aquela mesma decisão, procurara seu mestre e fizera a mesma pergunta. Resolveu dar ao jovem a mesma lição que recebera. Aproximou-se e disse:
— Então deseja ser um alquimista? Perfeito! Siga-me e escute tudo o que disserem estas pessoas, porém não diga nenhuma palavra até que termine de falar com todos elas.
Jamir aceitou e começaram sua caminhada. Chegando à casa de um senhor que não tinha pernas, o Velho Alquimista perguntou:
— Senhor, poderia me dizer qual é o segredo da felicidade?

O homem sem pernas respondeu:

— O segredo da felicidade é poder correr ao lado de seus entes queridos na natureza, caminhar com sua esposa pelos jardins ou bater pernas no mar contra o capricho de suas resplandecentes ondas. O segredo da felicidade é pisar firme onde quer que se esteja.

— Obrigado — disse o alquimista. Continuaram seu caminho até chegar à casa de um cego. O Velho Alquimista perguntou: — Senhor, poderia me dizer qual é o segredo da felicidade?

E o cego respondeu:

— O segredo da felicidade é observar com alegria como nasce dia-a-dia uma nova esperança num belo amanhecer; é ver o rostinho de um bebê sorrindo quando lhe dão o brinquedo que deseja, é contemplar as estrelas na escuridão enquanto outros a temem.

— Obrigado — respondeu o Velho Alquimista e continuaram seu caminho até chegar ao lar de um surdo. Lá perguntou, através de sinais: — Senhor, poderia me dizer qual é o segredo da felicidade?

O senhor, que sofria de surdez, respondeu também com sinais:

— O segredo da felicidade é despertar ouvindo o canto dos pássaros e depois aproveitar um belo dia; é escutar o modo de seu filho dizer "estou feliz, papai, e te amo muito", é ouvir os maravilhosos sons com os quais a vida lhe presenteia.

— Obrigado — respondeu o Velho Alquimista e continuaram seu caminho até chegar a uma maravilhosa cachoeira perto dali.

Foi então que o velho perguntou ao jovem:

— O que você pôde extrair desses três senhores?

E Jamir respondeu:

— Que a felicidade é algo que lhes falta.

E o velho voltou a perguntar:

— Você enxerga, escuta, pode caminhar, sentir, provar, é saudável?

— Sim — respondeu Jamir.

— Então — disse o Velho Alquimista — você tem a felicidade em você; aproveite. O segredo da felicidade é ser feliz com aquilo que se possui e que lhe foi proporcionado por Deus.

O jovem entendeu a lição e muitos anos depois tornou-se o sábio da aldeia, também conhecido como o Velho Alquimista.

Enrique Villarreal Aguilar

Nunca cometa o grave equívoco de querer se comparar com os outros ou medir a sorte que tem, porque sempre existirá alguém melhor que você e talvez você nunca venha a ter aquilo que não possui e assim se sentirá infeliz. Melhor comparar-se a si mesmo, ser feliz com o que tem, porém sempre persevere para ser melhor do que hoje e a sorte andará sempre a seu lado.

Viver feliz é um poder que reside na alma.

Marco Aurélio

A felicidade não é causada pela virtude, nem pelo prazer, nem por isto ou aquilo; mas simplesmente pelo aperfeiçoamento pessoal.

William Buttler

Se seus órgãos estão saudáveis, todas as riquezas de um rei não aumentarão em nada a sua felicidade.

Horácio

Pobreza

Encontrei um indivíduo, desses tantos que se encontram por aí: um Pobre Homem Rico. Dono de várias fazendas, de ações de diversas empresas e com uma vultosa conta corrente no banco.

Mas é na verdade Pobre. Tem em sua mente a essência da pobreza, porque sempre teme gastar uns centavos. Desconfia de todo mundo, preocupa-se demais com o que tem e sempre acha que é pouco.

A pobreza não é a carência de bons, é um estado de espírito. Não são ricos os que têm tudo em abundância. Só se é rico quando o dinheiro não é um fator preocupante. Se você tem dois reais e não se lamenta por não ter mais, é mais rico do que aquele que tem milhões e não consegue dormir porque não tem quatro.

Pobreza não é a falta, é a pressão da falta. A pobreza está na mente, não no bolso.

O Pobre Homem Rico a quem me refiro angustia-se porque a conta do supermercado é muito alta, porque o gelo custa caro, porque consome eletricidade e gás. Está sempre buscando um modo de diminuir o salário de seus empregados. Sofre se a mulher lhe pede dinheiro. Fica angustiado com o gasto dos filhos.

As reivindicações salariais de seus empregados ferem-no mais do que a ironia. Enfim, tem os sintomas e dificuldades da pobreza que vive a sua lavadeira. E mais. Que diferença existe entre ele e um pedinte?

A única finalidade do dinheiro é proporcionar conforto, afastar temores, permitir uma vida de liberdade espiritual. Se você não desfruta dessas vantagens, tenha quanto tiver, será pobre. Porém, se você puder experimentar essa sensação de liberdade, essa confiança no amanhã, essa idéia de abundância que se diz que o dinheiro proporciona, será rico ainda que seja pobre.

Pense nisto: "Se você quer ser rico, seja; é mais fácil do que tornar-se rico. Pratique."

O dinheiro em si não significa nada. Seu verdadeiro valor reside no que com ele podemos realizar para o bem dos outros e o nosso. Esta é, ao nosso ver, a dupla e legítima finalidade do dinheiro.

Frank Crane

Muitas pessoas acreditam que a riqueza pertence àqueles seres que conseguiram acumular grandes fortunas, porém poucos pararam para pensar que o dinheiro escraviza, que a verdadeira riqueza não está em ter muito milhões mas em desfrutar do que já se tem e em lutar para alcançar mais do que se possui.

O dinheiro é como o esterco, só é bom quando se esparrama.

Francis Bacon

Não é muito rico aquele que tem muito, mas sim o que dá muito.

Erich Fromm

Quando o dinheiro não é escravo, é amo.

Provérbio latino

Se enriquecer, não esqueça sua origem, nem ofenda quem possua uma fortuna menor, nem afronte aqueles que possuem fortuna maior.

A riqueza é fruto do trabalho, e a arrogância é que afasta velozmente a fortuna.

Juan Garay

Ontem, hoje e amanhã

Uma linda menina e seu avô estavam deitados numa rede, enquanto observavam as estrelas e as belas figuras que elas formavam, em meio à tranqüilidade que a noite oferece. A menina perguntou ao avô:
— Vovô, por que alguns homens falam de ontem, outros do amanhã e outros de hoje?

O avô, olhando para os belos olhos verdes da menina, respondeu:
— As pessoas que falam de ontem vivem de suas recordações, do passado, de momentos que se foram e já não voltam mais, são os que acreditam que o tempo passado foi melhor, talvez porque estes foram os momentos mais gratificantes de suas vidas; alguns outros fazem isso para justificar seu medo do presente e do futuro.

"As pessoas que falam do amanhã são aquelas que deixam tudo para depois. No amanhã realizarão as tarefas que não podem realizar hoje, começarão os objetivos ou metas que não vão concretizar e assim este amanhã nunca chega e a única coisa que resta é uma tremenda frustração ao perceber que sempre se comportaram de forma medíocre.

"O hoje é a palavra dos líderes, dos grandes homens da história, dos verdadeiros discípulos de Deus, é o momento em que temos que agir e começar a realizar nossos sonhos, é o momento de nos rebelarmos contra nossos maus hábitos e costumes: este é o conceito das pessoas vitoriosas.

"Lembre-se, criatura linda, de que o passado jamais voltará, já ficou para trás, amanhã é a palavra que as pessoas medíocres utilizam, mas o hoje você tem que viver intensamente, como se fosse o último dia de sua vida, tem que planejá-lo como se nunca fosse morrer e desta forma o futuro a receberá de braços abertos.

A menina demonstra com um beijo na bochecha do avô sua aprovação por aquela bela explicação e continuaram desfrutando intensamente daquela doce noite.

Enrique Villarreal Aguilar

"Agora" é a palavra que foi destinada aos vencedores; "hoje" é o dia que aproveitam para realizar todos os objetivos que planejaram; "já" é o instante em que começaram a realizar seus trabalhos e a ser reconhecidos e admirados por todos aqueles que não têm força de vontade para tomar atitudes. Hoje é o seu momento.

Os vencedores na vida sempre pensam em termos de hoje posso, eu farei e eu sou. Os perdedores, por outro lado, mantêm seus pensamentos no que deveriam ter feito, no que poderiam ter feito, ou não fizeram.

Danis Waitley

Reflita sobre suas bênçãos presentes, pois todo homem possui muitas, mas não sobre seus sofrimentos passados, pois todos têm alguns.

Charles Dickens

Não espere o amanhã: hoje é o momento para aumentar o passo.

Luis Castañeda

Parábola

Era uma vez um povo no leito de um grande rio cristalino. A correnteza do rio deslizava silenciosamente sobre todos os seus habitantes; jovens e anciãos, ricos e pobres, bons e maus, alheia a tudo o que não fosse sua própria essência cristalina.

Cada criatura se agarrava como podia à vegetação e aos rochedos do leito do rio, porque seu modo de vida consistia em agarrar-se e porque, desde que eram bebês de berço, assim haviam aprendido a resistir à correnteza.

Porém finalmente uma criatura disse:

— Estou farta de me submeter a esta força. Embora não possa vê-la com meus olhos, acredito que a corrente saiba aonde vai. Soltar-me-ei e deixarei que a correnteza me leve aonde quiser. Se continuar imobilizada, morrerei de tédio.

As outras criaturas riram e exclamaram:

— Estúpida! Solte-se e a correnteza que tanto venera a arremessará, destruída e despedaçada, sobre as rochas e assim morrerá mais rapidamente do que de tédio.

A que havia se pronunciado primeiro não lhes deu atenção e, depois de respirar profundamente, soltou-se; imediatamente a correnteza a derrubou e lançou-a sobre as rochas.

A criatura insistiu em não voltar a se agarrar e então a correnteza ergueu-a do fundo e ela não tornou a se ferir, nem a lamentar.

As criaturas que viviam embaixo d'água, mas não a conheciam, gritaram:

— Vejam, um milagre! Uma criatura como nós e que no entanto voa! Vejam, é o Messias que veio para nos salvar!

E aquela arrastada pela correnteza respondeu:

— Não sou mais Messias do que vocês. O rio se compraz em nos alçar, desde que nos atrevamos a nos soltar. Nossa verdadeira tarefa é esta viagem, esta aventura.

Cada ser humano carrega em seu interior um Messias dormindo. Muito poucos permitem que desperte e aja, por isso são tantos os que vegetam e não vivem verdadeiramente.

Richard Bach

Você nasceu para vencer, rompa os velhos paradigmas que o ataram a uma vida rotineira fazendo-o presa da folga e do conformismo; enfrente seu destino mostrando ao mundo que você é um ser diferente, capaz de empreender qualquer tarefa que lhe seja recomendada, para chegar com sucesso à meta estabelecida. Lembre-se, em você existe um gigante, só precisa agir.

Toda pessoa uma vez na vida deve decidir se irá se lançar ao triunfo, arriscando tudo, ou se sentar para ver passar os vencedores.

Thomas Edison

Não ame o que você é, mas sim o que pode vir a ser.

Cervantes

A oportunidade de triunfar não chega aos que a esperam, mas aos que a buscam.

César Guzmán

Estou farto!

Estou farto das guerras! Não deixam nada além de ódio, fome, morte e tristeza ao seu redor, onde o único vencedor é quem provocou a guerra, porém nela não interveio.
Estou farto dos políticos sem escrúpulos! Utilizam seus postos para enriquecer em vez de se preocuparem com o povo, que os levou ao poder e neles confiou.
Estou farto do empresário desonesto! Explora o trabalhador e, com um sorriso hipócrita, esconde seus verdadeiros sentimentos; não se interessam por ninguém, só em ver acumulada a sua fortuna.
Estou farto dos líderes sindicalistas! Estão acostumados a proteger seus próprios interesses, sem se importarem de verdade com a situação vivida pelos companheiros que representam.
Estou farto da polícia corrupta! Por uns trocados seria capaz de vender sua própria alma!
Estou farto de todos os delinqüentes e daquelas pessoas que se dedicam a fazer o mal, a tirar as posses daqueles que tanto trabalharam para consegui-las, farto daquele que mata um jovem com um excelente futuro por causa das drogas, daquele que explora o corpo de outra pessoa e de tantos sujeitos que se dedicam a extorquir e a cometer um sem-número de fraudes!
Por isso tudo revolto-me e esbravejo, irado: Senhor, estou farto! Porém me dou conta de que também tenho cul-

pa no que acontece à minha volta. Quantas vezes não comecei uma guerra com meus familiares, amigos e companheiros de trabalho em vez de perdoar? Por acaso não fui eu quem votou nos políticos ou me abstive de votar? Se tivesse me preparado melhor, estudado mais, se fosse mais perseverante, não trabalharia para esse empresário, mas para mim mesmo; eu votei naquele líder sindical. Quantas vezes não subornei um policial, em vez de deixar que me impusessem a infração? Já é hora de ter em dia meus documentos. E em relação aos delinqüentes, eu escolhi os que criaram as leis para castigar estas pessoas. Acredito que tenho de ser melhor, perseverar, ensinar melhores valores a meus filhos, estudar e lutar para melhorar o dia-a-dia e mudar as coisas das quais estou farto!

Enrique Villarreal Aguilar

O primeiro passo para mudar o mundo é modificando primeiro a nós mesmos. Não podemos alterar o modo de pensar de nosso próximo se não somos o exemplo vivo do que pregamos; talvez por isso Mahatma Gandhi tenha dito este belo pensamento: "Nós temos que ser a mudança que queremos ver no mundo."

Viver é mudar e ser perfeito é ter mudado muitas vezes.

John Henry Newman

Se nos últimos anos não tiver descartado nenhuma opinião que sustentava e nem tiver adquirido nenhuma nova, tome seu pulso, pode ser que esteja morto.

Gelet Burgess

Como fracassar na vida

Caminhando na areia do mar, um homem encontrou uma garrafa; dentro havia um pergaminho com dez regras para fracassar na vida, de modo que se quisesse vencer deveria evitar essas instruções a todo custo.

Ao terminar de ler o pergaminho, o homem compreendeu que tudo o que havia feito até aquele momento o levaria pelo caminho da mediocridade. Então decidiu emendar seu destino na direção das alegrias da excelência, deixando tão valioso documento à humanidade. Este documento diz o seguinte:

Só abra se quiser observar o êxito de longe.

Siga estes passos e certamente tornar-se-á um fracassado.

REGRAS PARA FRACASSAR NA VIDA

1) Em primeiro lugar, não estude, não leia livros que o ajudem a se superar, não freqüente nenhum curso, não vá a nenhuma instituição de ensino, deixe que a preguiça tome conta de você; concluindo, amanhã talvez seja um bom dia para começar a se preparar.

2) Nunca planeje, deixe que a vida o leve para onde bem imaginar, ser reativo evitará o incômodo de pensar pelos outros; quem sabe amanhã se una a outros que

o levem a ter que mudar por completo tudo que havia planejado.

3) Pense negativamente, ponha a culpa nos outros ou no destino por sua mediocridade, passe o tempo pensando que você não é mais do que uma vítima da vida.

4) Ria dos outros, seja grosseiro, grite, aprenda a intimidar os demais, não se relacione e continue pensando que você é melhor que as pessoas que alcançaram o sucesso; ao fim e ao cabo só lhe restará ver que você não tem aquilo de que os outros desfrutam.

5) Esqueça dos bons hábitos; não faça exercícios, acredite que quanto mais crescer seu abdômen mais sensual você será; não chegue cedo ao trabalho, que o façam aqueles que querem se dar bem com o chefe; não leia, a não ser romances água-com-açúcar ou pornografia.

6) Continue sonhando que ganhará na loteria, ou que vá receber uma herança de um parente milionário que nem sequer conhece e que a crise financeira vai acabar; resultado, enquanto você sonha, há outros que agem para alcançar seus resultados.

7) Beba até se embrutecer e bater em sua mulher, nos filhos ou parentes; fume ou inale qualquer droga para que cometa delitos e verá que logo o abandonarão, ou acabará preso por algum delito.

8) Aprenda a ser desorganizado. Quando seus amigos chegarem para visitá-lo, que vejam sua casa suja, as camas sem estender, a cozinha imunda, a roupa jogada por todos os lados. Siga o mesmo estilo no

escritório, resumindo, se quiserem aceitá-lo, que seja como é, um molambento!

9) Cresça com a falsa idéia de que tem sempre razão; não escute os outros a não ser quem o adule; esqueça-se da humildade e, quando disserem que é um grosso, pedante, egocêntrico, não se abale, talvez seja verdade.

10) Nunca pense nos valores espirituais; não reze, nem creia em Deus, não ensine seus filhos a fazê-lo e verá o imenso vazio que terá em sua existência, sem o amor do Senhor.

Após estas instruções, prepare-se para ser humilhado e visto pelos outros como alguém que só sabe reclamar.

Assinado: Seu destino

Enrique Villarreal Aguilar

Se neste momento um ser maravilhoso se apresentasse diante de você e lhe dissesse: "Eu tenho a solução para que vença na vida, lhe dou." Você aceitaria? Claro que sim! Sabe qual seria a resposta do ser?

Estude, persevere, ame sua profissão, ofício ou atividade e nunca desista de qualquer ação que comece; do contrário, prepare-se para fracassar na vida.

A oportunidade favorece as pessoas preparadas.

Louis Pasteur

À medida que avançamos na vida, esta se torna cada vez mais difícil, porém é combatendo as dificuldades que se desenvolve a mais profunda fortaleza do coração.

Vincent van Gogh

Somos o que fazemos no dia-a-dia. Portanto, a excelência não é um ato, mas um hábito.

Aristóteles

O rico comerciante e
o ancião miserável

Um rico comerciante judeu e um ancião miserável viajavam no mesmo trem; o primeiro tratava o velho com desprezo e rudeza.

Quando chegaram a seu destino, o comerciante percebeu que aquela estação estava repleta de fiéis que aguardavam com grande expectativa a chegada de um dos rabinos mais adoráveis de toda a Europa. Para sua vergonha, inteirou-se de que era ninguém menos que aquele ancião com quem havia compartilhado a viagem.

Arrependido de sua desrespeitosa conduta e perturbado por ter perdido a extraordinária oportunidade de falar em particular com um homem tão sábio e bom, pediu licença entre a multidão e saiu em busca do ancião. Quando finalmente o encontrou, pediu-lhe que o perdoasse e que lhe desse sua bênção. O ancião rabino olhou-o e respondeu:

— Eu não posso perdoá-lo. Para alcançar o perdão, terá que pedi-lo a todos os anciãos miseráveis do mundo.

Brian Cavanaugh

Em quantas ocasiões nos deixamos levar pelas aparências! Temos uma opinião de uma pessoa só por seu aspecto, porém, quando chegamos a conversar com ela, nos damos conta de que era alguém totalmente diferente de quem havíamos imaginado e nos arrependemos por não ter começado uma amizade desde o início. Lembre-se que as aparências enganam.

O perdão é o aroma que a rosa deixa no sapato de quem a pisa.

Anônimo

A maneira com que tratamos um ser humano é a forma com que tratamos a Nosso Senhor. Isso não exige explicações e sim contemplação.

John P. Hallin

Que sorte!

Que sorte, que sorte a minha ter sido criado na adversidade. Diante da desventura e tendo conhecido o fracasso, tive a sorte de conseguir alicerçar as bases do êxito.

Que sorte, que sorte a minha ter conhecido a miséria, porque valorizo os que sofrem, compreendo a criança que tirita de frio, a menina desnutrida que mal faz uma refeição por dia. Agora posso estender a eles minhas mãos com algumas moedas que os ajudem.

Que sorte, que sorte a minha ter conhecido a crise, porque no seu rigor forjou-se meu caráter, permitindo-me viver tranqüilo em épocas turbulentas e sorridente em épocas de bonança.

Que sorte, que sorte a minha ter sido humilhado, porque deram-me a força para seguir adiante, porque conheci a humildade e aprendi a tratar meus semelhantes com respeito, porém sobretudo aprendi a respeitar a mim mesmo.

Que sorte, que sorte a minha que tenham me tratado com justiça, porque posso tratar com igualdade aos outros e encerrar com imparcialidade meus conflitos.

Que sorte, que sorte a minha ter conhecido a pobreza material e não a de valores, que é a que mais danifica a alma; sinto-me feliz porque, com poucos recursos econômicos, tive ousadia e moderação para alcançar os sonhos que para alguns foram meros ideais.

Que sorte, que sorte a minha ter chorado por tantos entes queridos que perdi, porque me permitiram que valorizasse os que estão ao meu lado, porque aquelas lágrimas me ensinaram a dar amor a todos que amo, porém como gostaria que as pessoas que perdi, ainda que os tenha na alma, nunca tivessem partido.

Que sorte, que sorte a minha estar ao lado de pessoas necessitadas, porque tenho duas mãos para ajudar meus semelhantes, dois pés para levarem-me aonde eu quiser, dois olhos para enxergar os problemas, dois ouvidos para escutar a quem necessita, uma boca para dizer "conte comigo", porque estou são, porque não me falta nenhum dos sentidos.

Que sorte, que sorte a minha sentir-me fatigado pelas árduas jornadas de trabalho, porque graças ao meu trabalho pude presentear com uma flor à minha esposa, ao meu filho com o brinquedo que tanto desejava; não falta comida em minha casa e uma criança de rua recebeu de mim um trocado com o qual poderá comer hoje.

Que sorte, que sorte a minha por não pedir nada a Deus, mas sim dar-lhe graças por permitir-me valorizar aqueles instantes que, para outras pessoas, não teriam nenhum sentido, por ensinar-me a dar, em vez de receber e principalmente por conceder-me o dom da vida.

Que sorte.

Enrique Villarreal Aguilar

Quantas vezes paramos para pensar que por trás de uma desventura sempre segue uma série de lições que nos ajudarão a ser felizes e a conhecer o sucesso no dia de amanhã? O importante é pensar o que fizemos de errado para sofrer essa queda e evitar este comportamento, tentando tomar uma série de atitudes positivas para encontrar o caminho da realização.

B enditas sejam as adversidades, porque por intermédio delas meu caráter se preparou e forjou minha personalidade.

Marco Aurélio

O s obstáculos são essas coisas temíveis que você vê quando tira seus olhos da meta.

Hannan Moore

A primeira força motivadora do homem é a luta por encontrar um sentido para sua própria vida.

Victor Frankl

Meu sonho

Tive um sonho: de uma linda casa partiam felizes meus pequenos, entoando canções que alegravam minha alma.
Minha amada e eu, confortavelmente instalados em nosso sofá predileto, ao lado de uma grande lareira; desfrutávamos do agradável calor naquele inverno cruel. Tudo era felicidade, não havia nada que perturbasse esse momento tão agradável.
Nossos parentes vinham à nossa casa para também aproveitar o ambiente que se respirava. Não havia brigas, não havia ódio, não havia comentários que levassem a alguma discussão. Todos colaboravam, as mulheres preparando aperitivos antes das refeições, os homens pegando lenha no jardim para esquentar a comida na brasa, as crianças brincando sem se cansar por toda a casa, com os primos.
Era como se a harmonia tivesse parado para descansar em nossa casa. Que maravilhoso contemplar aqueles instantes em que tudo era perfeição, alegria, sorte, prazer. Todos estávamos sintonizados na mesma freqüência, o convívio perfeito.
A notícia de tão agradável convivência em minha casa começou a circular por toda a vizinhança e as pessoas diziam: "Não é possível, não existe convívio perfeito, as cunhadas não podem se dar bem com a esposa do irmão,

tem que haver diferenças, alguém tem que ser criticado numa festa para que tudo corra bem, sempre tem um mau-caráter ou algum conflito para estragar a festa."

E falaram, falaram, falaram.

Nossas reuniões continuaram do mesmo modo e logo outros vizinhos falaram bem de nós e outros e mais outros começaram a nos imitar, transformando-nos no centro das atenções. Muito rapidamente havíamos nos tornado uma nação feliz, em perfeita harmonia.

Porém, desafortunadamente, os sonhos terminam e, ao acordar, observei minha esposa e meus dois pequenos anjinhos dormindo; a casa estava como sonhei e refleti: "Por que a vida não pode ser assim?" Compreendi que tinha tudo o que descrevia em meu sonho. Só faltava a vontade de realizá-lo, faltava o desejo de mudar, para um convívio perfeito, e isto não era impossível: só precisava ter a firme intenção de dar sem receber nada em troca, de transformar o meu sonho em um sonho de todos.

Enrique Villarreal Aguilar

*D*iz *um famoso pensamento de Walt Disney: "Se você pode sonhar, pode alcançar." Todas as mudanças que deseja realizar na vida pode conseguir, se assim desejar. Basta ser perseverante e agarrar-se a seus sonhos. Lembre-se de que em toda pessoa está depositado o poder de realizar o que sonhou; em você está a magia de enfrentar o desafio. As mentes superiores o fizeram, certamente você também pode.*

Tudo que pude fazer ou sonhar que pode fazer, comece.

Goethe

Por trás de cada sucesso há um grande sonhador.

Robert K. Greenleaf

É difícil dizer o que é impossível, pois os sonhos de ontem são as esperanças de hoje e a realidade de amanhã.

Robert H. Goddard

O TRABALHO

Se não tem o trabalho que quer,
queira o trabalho que tem;
ele já representa uma bênção.

Enrique Villarreal Aguilar

Não por ser meu chefe

Estimado chefe:
 Desejo expressar alguns pontos de vista, com os quais não estou de acordo, sobre o modo de dirigir esta empresa. É verdade, no fim das contas, que é você quem decide as regras; porém a vida dá muitas voltas e, no futuro, em seu caminho na direção do topo, pode encontrar alguém com quem tenha contas pendentes, por isso peço-lhe:

Não me humilhe, muito menos na frente dos outros. Sou seu empregado, não seu escravo. Há muito tempo que a escravidão acabou. Lembre-se: "Com a medida que julgar, será julgado."

Não grite, vou escutá-lo de qualquer maneira. Aumentar a voz não o faz mais importante diante dos outros, ao contrário, falar de modo pausado e sereno fará com que o respeitemos ainda mais.

Ensine com o exemplo. "Dizem que a palavra convence, mas o exemplo motiva." Se reclama de pontualidade, seja pontual; não pode pregar a honestidade, se sabemos em nosso íntimo que não é honesto. Lembre que a diferença entre o chefe e o líder é que o primeiro dá ordens e o segundo inspira.

Escute-me. Se me escutar, eu aprenderei a escutar os

outros; porém, se não me escuta, o mesmo tratamento lhe darão os clientes. Por que não melhoramos a comunicação entre todos?

Dê instruções claras. Se não entendo o que diz, descreva-me as instruções passo a passo e depois pergunte se compreendi, e escute-me para que tenhamos uma comunicação clara e não cometamos erros.

Treine-me. Há quem diga que o "treinamento é caro, mas a ignorância é mais". Se quer ter excelentes resultados de todos os seus empregados, a única maneira de consegui-los é treinar sua equipe.

Resolva seus problemas e não desconte em mim. Não tenho culpa de seus problemas pessoais. Se você teve uma discussão em sua casa ou noutro lugar, não tenho nada a ver com isso. Não venha descontar em mim só porque dependo de você, isso é covardia.

Respeite meu tempo. Tenho família, outras obrigações fora da empresa, meus passatempos e tenho consciência de meu trabalho na instituição. Às vezes preciso ficar mais tempo para cumprir com minhas obrigações, mas não me faça perder tempo com bobagens. Lembre-se: nem sempre aquele que fica mais tempo no trabalho é o mais produtivo.

Demonstre verdadeiro interesse por mim. Se você demonstra interesse por nós, seus empregados, vamos nos interessar por você. Nossa moral e auto-estima aumentarão, falaremos com sinceridade, com franqueza e contribuiremos com grandes idéias, fomentando a lealdade à empresa. Lembre que as pessoas seguem quem demonstra um verdadeiro interesse por elas.

Pense finalmente que o tratamento que nos der será o mesmo que ofereceremos aos clientes e que o culpado de 80% dos erros de uma empresa é o chefe. Quando sua empresa estiver com problemas, quando for despedido e ninguém quiser trabalhar com você, não diga: "Que erro terei cometido para estar nessas circunstâncias?"
Lembre-se: "não por ser meu chefe".

Enrique Villarreal Aguilar

O líder inspira, não intimida. Aprenda a identificar as virtudes de seus discípulos, não os defeitos, só para criticá-los depois. Você é um guia que conduz seus subordinados pelo caminho do sucesso, não um capataz que golpeia psicologicamente seus subordinados para que façam o que não agrada a eles. O chefe é o mestre do medo; o líder, um discípulo de Deus.

Bendito seja o líder que considera a liderança uma oportunidade para servir.

Anônimo

Seja amável com a pessoa insignificante em sua subida para o topo, pois você pode encontrá-la na descida.

Milla Halihan

Ser humilde com seus superiores é um dever; entre iguais, uma mostra de educação; com os inferiores, uma prova de nobreza.

Benjamin Franklin

Realmente nunca sabemos como podemos marcar a vida de mais alguém

Esta é uma história muito antiga, de uma professora primária chamada Sra. Thompson. Diante de seus alunos de quinta série no primeiro dia de aula, mentiu para eles. Como a maioria dos professores, olhou para seus estudantes e disse que gostava de todos do mesmo modo. Porém isso era impossível, porque na fila da frente encontrava-se deprimido um menino chamado Teddy Stoddard.

A Sra. Thompson havia observado Teddy no ano anterior e notara que ele não brincava com os outros meninos, que suas roupas estavam mal arrumadas e que precisava de banho. Teddy tornou-se inconveniente. Chegou a tal ponto que sentia prazer em rabiscar com caneta vermelha as questões que ele errava e pôr nota 5 em suas provas.

Na escola onde a Sra. Thompson dava aula, pediram que ela revisasse os resultados dos anos anteriores de cada criança e ela deixou o de Teddy para o final. E, ao revisar seu arquivo, teve uma grande surpresa.

A professora da primeira série de Teddy escrevera:

"Teddy é um menino brilhante que tem um sorriso espontâneo. Faz seus deveres com muito capricho e limpeza e tem bons modos... é um prazer tê-lo por perto."

Sua professora da segunda série escreveu:

"Teddy é um excelente aluno, adorado por seus colegas; porém tem problemas devido a uma doença incurável contraída por sua mãe e sua vida em casa deve ser uma luta constante."

Sua professora de terceira série anotou:

"A morte de sua mãe foi dura para ele. Tentou fazer o máximo de esforço, mas seu pai não lhe demonstra muito interesse e sua vida em casa logo o afetará se não forem tomadas algumas medidas."

Sua professora da quarta série escreveu:

"Teddy é muito descuidado e não mostra muito interesse pela escola. Não tem muitos amigos e por vezes dorme na sala de aula."

Neste momento a Sra. Thompson se deu conta do problema e sentiu-se culpada. Sentiu-se pior ainda quando seus alunos levaram seus presentes de Natal embrulhados em papéis brilhantes e lindas fitas de seda, com exceção de Teddy. Seu presente estava displicentemente embrulhado num grosso papel pardo de uma bolsa de supermercado.

Alguns dos meninos caçoaram dele quando ela recebeu dele um bracelete de contas, faltando algumas e um perfume cujo frasco tinha um quarto do líquido. Porém ela minimizou as risadas dos alunos quando disse: "Que lindo bracelete!", passando um pouco do perfume em seu punho.

Teddy Stoddard ficou esse dia até depois da aula só para dizer: "Sra. Thompson, hoje a senhora está cheirando como a minha mãe."

Depois que os meninos se foram, ela chorou pelo menos por uma hora. Desse dia em diante deixou de ensinar leitura, escrita e matemática. Em vez disso, começou a ensinar aos meninos.

A Sra. Thompson deu especial atenção a Teddy; à medida que trabalhava com ele, sua mente parecia voltar à vida; quanto mais o motivava, mais rápido respondia. No fim do ano Teddy havia se tornado um dos garotos mais preparados da turma e, contrariando a mentira de que ela gostava de todos por igual, Teddy tornou-se um dos mais queridos.

Um ano depois, encontrou um bilhete de Teddy debaixo da porta. Dizia que ela tinha sido a melhor professora que ele já tivera. Seis anos se passaram para ela receber outra carta de Teddy. Escreveu-lhe dizendo que havia terminado o curso pré-vestibular como o terceiro aluno da classe e ela contudo era a melhor professora que havia tido na vida.

Quatro anos depois recebeu outra carta, dizendo-lhe que apesar de as coisas terem sido difíceis em algumas ocasiões, ele havia passado para a universidade e logo receberia seu diploma com o grau máximo; ratificou à Sra. Thompson que ela ainda era a melhor professora que ele havia tido em toda a vida.

Outros quatro anos se passaram e chegou outra carta. Desta vez explicou que depois de ter recebido o diploma de graduação, decidiu ir um pouco além. A carta dizia que ela ainda era a melhor professora que ele tivera, só que agora seu nome era um pouco mais longo. A carta estava assinada pelo Dr. Theodore F. Stoddard, M.D.

A história não terminava aqui. Teddy dizia que tinha conhecido uma moça e que iria se casar. Contou que seu pai morrera há dois anos e ele gostaria de saber se a Sra. Thompson aceitaria ocupar o lugar que normalmente é reservado à mãe do noivo. É claro que a Sra. Thompson aceitou. E adivinhem: ela usou o bracelete com várias contas faltando e fez questão de usar também o mesmo perfume que lembrava a mãe de Teddy no último Natal.

Eles se abraçaram, e o Dr. Stoddard sussurrou no ouvido da Sra. Thompson: "Obrigado, Sra. Thompson, por acreditar em mim, muito obrigado por fazer com que me sentisse importante e por me ensinar que eu era capaz de fazer diferença."

A Sra. Thompson, com lágrimas nos olhos, sussurrou-lhe a resposta dizendo-lhe: "Teddy, você está enganado. Foi você quem me ensinou que eu podia fazer diferença. Não sabia ensinar até conhecer você."

Amoleça o coração de alguém hoje...

Anônimo

Quantas vezes julgamos nossos parentes, conhecidos ou subordinados sem saber realmente por que se comportam de determinada forma: em quantas ocasiões, sem colocar-se em seu lugar, reprovamos a conduta de uma determinada pessoa? Porém, se nos puséssemos em seu lugar, talvez tivéssemos reagido da mesma forma. Lembre-se: antes de julgar um semelhante, ponha-se no lugar dele e pense que talvez seja você quem se equivocou.*

A pessoa deveria se auto-analisar por muito tempo antes de pensar em condenar os outros.

Molière

O princípio mais profundo da natureza humana é a ansiedade por aceitação.

William James

É um raro e grande privilégio poder estar numa posição de ajudar as pessoas a compreender a diferença que podem fazer não só em suas vidas, mas também na dos outros, simplesmente dando algo de si.

Hellen Boosalis

A maratona do condado de Brown

Na maratona do condado de Brown, foram entrevistados três corredores para saber qual a meta deles naquele evento.

O primeiro respondeu que sua meta era percorrer trinta quilômetros. Com isso, ele se sentiria mais do que satisfeito.

O segundo respondeu que sua meta era terminar a corrida no lugar em que estava e com isso ficaria muito feliz e satisfeito.

O terceiro, mais otimista, disse que sua meta era terminar em primeiro lugar e bater o recorde da competição.

Cada um tinha seus próprios objetivos e finalidades, por onde se pode observar que o sucesso de um nem sempre é o sucesso dos outros; porém não deixa de ser sucesso.

Denis Waitley

O sucesso é a capacidade de determinar o que queremos da vida para estabelecer claramente nossos objetivos e criar as regras de disciplina, conhecimentos, ação e atitudes que nos permitam alcançar nossa felicidade. Em poucas palavras, sucesso é aquilo que nos faz felizes.

A escultura já está nas rochas antes que o cinzel tenha sido levantado. Todas as qualidades que decidir desenvolver já estão em mim. Continuo traçando meu caminho em direção à grandeza.

Carleen e Sarah

Não há êxito sem esforço.

Sófocles

O mais importante na vida não é superar os outros, mas superar a nós mesmos.

Thomas L. Houson

Os gerentes

Seu Júlio, homem de vasta experiência no mundo dos negócios, decidiu que seus dois filhos administrariam suas empresas.

Juan, o mais velho, era muito amável, perfeccionista, estudioso, amante dos estudos de mercado e das relações humanas.

Pedro, o mais jovem, sempre teve tudo sem se esforçar para nada e era um tanto descuidado, exigente e não muito afeito a se relacionar com gente em posição inferior.

Seu Júlio e sua esposa decidiram tirar férias de quatro meses na terra natal deles, Espanha, deixando os negócios nas mãos dos filhos.

Transcorridos os quatro meses, o experiente empresário decidiu visitar os filhos para ver a experiência como gerentes. Primeiro foi ver Juan. Ao chegar, observou que as vendas tinham aumentado. Para sua surpresa, ao visitar Pedro as coisas não estavam da mesma forma: a empresa ia muito mal.

Resolveu então conversar com os filhos. Chamou-os à sala de reunião e lhes perguntou:

— Jovens gerentes, ausentei-me por quatro meses de nossas empresas. Ao verificar a situação financeira de cada uma delas, observei que, para minha surpresa, enquanto uma está cada vez melhor desde que saí, a outra está a ponto de quebrar. Diga-me, Pedro, o que foi que fez?

Pedro se levantou um tanto culpado e disse-lhes:

— Desde que entrei para a empresa os empregados têm má vontade comigo, não fazem eficientemente o trabalho, tenho que estar atrás deles para que realizem as tarefas, tive que ser muito exigente, inclusive demiti vários para que soubessem o que lhes podia acontecer. Além disso, muitos clientes são exigentes demais: querem tudo a preço baixo. Então que comprem no vizinho. Não estamos aqui para presentear ninguém.

Juan, o irmão mais velho, interrompeu o irmão e perguntou:

— Pedro, por que acha que as pessoas têm má vontade com você? Você pensa que os empregados vão ser mais produtivos tratando-os mal ou ameaçando-os? Quem paga a quem? Nós pagamos ao cliente ou o cliente é que nos paga? Treine seus empregados! Por acaso disse a eles como fazer as coisas? Mano, reflita, tente pensar nos outros!

Pedro apenas sorriu culpado, abaixou a cabeça e disse:

— Já entendi a lição. Desculpe-me, pai, obrigado, meu irmão; acho que a vida é como um espelho: nunca se está vendo os outros, mas sua própria imagem; antes de criticar ou condenar seus empregados, pense no que estão falando de você. Ninguém vai ter um alto desempenho no trabalho enquanto se vir ameaçado: os empregados são o reflexo do chefe; eles aprendem o que vêem, os atos dele falam mais que suas palavras. Definitivamente o exemplo é o melhor mestre. O treinamento de um empregado custa muito caro e é preciso correr o risco de que ele vá embora depois, porém mais caro vai custar a ignorância dele, já que por ela todos podemos perder nosso trabalho. Nossa empresa foi criada para satisfazer as necessidades e superar as expectativas dos clientes.

"Empregado insatisfeito é igual a cliente perdido. O empregado também é nosso cliente. Todos formamos uma grande família, uma equipe cujo objetivo principal é o cliente.

Seu Júlio e Juan compreenderam que, apesar do sucesso deles, agora Pedro havia lhes dado uma lição: que um fracasso assimilado é o melhor mestre e, quando não se assimila, se transforma em derrota. Ao término da reunião se abraçaram, sorriram e pela primeira vez formaram uma equipe, tornando-se uma só pessoa, uma grande família, uma grande empresa.

Enrique Villarreal Aguilar

Os grandes gerentes trabalham em função de seus clientes, esforçam-se para satisfazer as necessidades e expectativas das pessoas a quem servem, o que é parte fundamental de sua idiossincrasia. Eles estão ali para ajudar os outros, sua força se apóia neste conceito e assim alcançam os mais altos objetivos. Compreenderam que a chave não está em ordenar e receber, mas sim em dar e pregar com o próprio exemplo.

Com o capital se faz o negócio, com as pessoas se faz a empresa.

Rafael Gómez

A liderança é uma das formas mais elevadas de atividade. Trabalha-se melhor quando se motiva espontaneamente os outros a uma decisão que é realmente deles, porém a que talvez jamais tivessem chegado sem a benéfica influência de um líder.

Anônimo

Servindo aos outros e sendo generoso, o líder conhece a abundância.

John Heider

A corrida

Ao fim de uma corrida internacional de dez quilômetros, observou-se que o homem que chegou em décimo lugar demonstrava estar mais feliz do que os demais competidores.

Isso chamou a atenção da maioria dos espectadores, pois aquele homem deixava transparecer toda a sua felicidade. Uma repórter rapidamente se aproximou e perguntou-lhe o porquê de sua felicidade, já que havia chegado em décimo lugar e nem sequer uma medalha tinha ganhado. Ele respondeu:

— Sempre sonhei participar deste evento e nem sequer pensava em concluir a corrida, muito menos terminar nesta posição.

O homem se despediu. Um parente se aproximou para pegar-lhe o braço e guiá-lo em direção a seus entes queridos.

A repórter não podia acreditar no que estava vendo: aquele homem era cego. Contudo, sua firmeza, seu esforço e perseverança puderam fazer com que rendesse mais do que os outros, que, apesar de contarem com a vantagem de ter todos os sentidos, chegaram depois dele.

Aproveite a grandeza de seu ser.

Anônimo

A essência da grandeza do homem não é física, mas mental. Você pode alcançar as mais elevadas metas se assim se dispuser; a questão é se este é o seu verdadeiro desejo. É preciso coragem e algo além de força de vontade para lhe permitir lutar contra a acomodação e satisfações que a vida lhe oferece. Imagine qual será seu destino, trabalhe incansavelmente para alcançar este sonho e sem dúvida encontrará em seu caminho o irremediável resplendor do êxito.

Não peça a Deus o que possa fazer.

Provérbio japonês

A maneira de ganhar é aceitar que pode perder.

Anônimo

Só vence na vida quem enfrenta seus problemas e os supera.

Anônimo

O cliente

Um jovem empreendedor queixava-se porque tinha muitos clientes que o tiravam do sério. Seu pai, curioso ao observar sua reação, aproximou-se dele e perguntou:
— Por que está tão furioso, filho?
E o jovem respondeu:
— É que não suporto as pessoas!
— Mas por quê? — perguntou o pai.
— Querem tudo a preço baixo, que sejam servidas como se fossem reis, pensam que nos fazem um enorme favor ao comprar em nossa empresa; a maioria delas é extremamente agressiva, tem que se tomar cuidado com elas. Sem dúvida, são problemáticas demais.

O pai balançou a cabeça como se desaprovasse os comentários do filho, sorriu e disse:
— Querido filho, aprenda a escutar o cliente e perceberá que a maioria das exigências deles faz sentido. As empresas existem por causa deles e eles é que são a razão dos nossos negócios! As empresas existem para satisfazer as necessidades e desejos deles. Lembre-se, filho, de que tem que agradecer a eles por tudo o que nos vêm proporcionando.

OBRIGADO, AMIGO CLIENTE

Obrigado por dar-me um lar onde vivem meus entes queridos e onde se edificam os mais sólidos princípios, berço do êxito dos meus filhos.

Obrigado por ensinar-me que na vida aquele que serve aos outros é muito mais importante e por me permitir controlar o torpor de meu orgulho.

Obrigado pelos instantes de lazer que posso desfrutar com meus entes queridos, os quais trazem uma felicidade imanente ao meu coração.

Obrigado pelos momentos agradáveis, belos, tristes, sentimentais, de mau humor, que sempre compartilhamos juntos e por sua compreensão com nossos negócios.

Obrigado por todos esses pequenos grandes detalhes que posso oferecer a minha esposa e aos meus filhos, que tanta alegria causam à minha família.

Obrigado porque, com sua contribuição, formaram-se grandes profissionais e grandes filhos no seio de meu lar.

Obrigado por ser a fonte inspiradora desta empresa para a criação de todos os produtos, todos os serviços, todos os benefícios que satisfaçam suas necessidades e expectativas.

Obrigado por dar-me a capacidade econômica para enfrentar aqueles momentos tristes nos quais meus filhos adoeciam.

Obrigado por me permitir refletir que o trabalho e o preparo são as únicas maneiras de se alcançar o sucesso.

Obrigado por sua preferência.

O jovem inclinou a cabeça, mostrando-se culpado. Daquele dia em diante, para cada cliente que faz uma compra, independentemente do seu humor, o jovem sorri e agradece pela preferência dada.

Enrique Villarreal Aguilar

Antes de julgar um cliente, pense que tudo o que tem é graças a ele: aquela viagem, aquelas flores para sua esposa, os estudos de seus filhos, as férias tão sonhadas, o presente que seu filho tanto desejava, nada disso seria possível se essas pessoas, os clientes, não tivessem preferência por nossos produtos ou serviços; assim, o melhor a fazer é esboçar um grande sorriso.

Não é o patrão quem paga os salários, ele apenas administra o dinheiro: é o cliente quem paga a todos.

Henry Ford

Este estranho indivíduo que generosamente ocupa-se em servir aos outros conta com uma enorme vantagem. Tem pouca competência.

Dale Carnegie

A gratidão é o coração da memória.

Provérbio francês

A estaca

Sob o sol forte ao fim de um fatigante dia de trabalho, alguns árabes puseram-se a descansar. Um deles, o jovem Abdul, se deu conta de que faltava uma estaca para prender um dos camelos. Rapidamente, correu em direção ao seu amo e comunicou-lhe:
— Amo, falta uma estaca para amarrar as rédeas do camelo. O que devemos fazer? Sem ela ele pode fugir.

O amo, observando o jovem Abdul, respondeu:
— Abdul, é muito fácil: desfaça a rédea do camelo e finja que está cravando uma estaca. O animal pensará que está atado e descansará.

Abdul, incrédulo, fez o recomendado e qual não foi sua surpresa quando, terminada sua tarefa, o animal colocou-se em posição de descanso.

No dia seguinte, todos se levantaram muito cedo, recolheram as tendas do acampamento e prepararam-se para partir, porém um grupo de homens tentava inutilmente fazer um camelo levantar.

O amo, ao reparar o problema, aproximou-se dos homens e perguntou:
— O que está acontecendo aqui?

Abdul, do meio da multidão, respondeu:
— Senhor, este é o camelo que ontem se podia perder porque faltava uma estaca e agora não quer levantar.

O amo respondeu sorrindo:

— Abdul, você já tirou a estaca que cravou ontem? Abdul, envergonhado, procedeu como quem finge retirar uma estaca. Para sua surpresa, o camelo se levantou imediatamente. Prosseguiram então rumo a seu destino.

Anônimo

Muitas pessoas, assim como os camelos, carregam estacas em suas mentes; chamam-se paradigmas, aqueles modelos ou padrões de conduta que lhes foram enraizados desde a infância e os impedem de realizar determinados atos ou funções, com a justificativa de que não podem, não sabem ou simplesmente mantêm neles a crença de que tudo tem que ser ou se fazer da mesma maneira e não é para eles mudar. A essência do homem está na imaginação e a imaginação rompe todos os paradigmas para alcançar o objetivo desejado: faça algo diferente, lance-se a fundo e não vai haver nada no mundo que detenha seu caminho em direção ao topo.

Quem quiser conseguir fortuna na vida, lembre-se desta máxima: o ataque é o único segredo. Atreva-se e o mundo se renderá e se por vezes o maltratar, atreva-se novamente e terá êxito.

William Makepeace Thackeray

Afaste-se de gente que tenta reduzir suas ambições. As pessoas insignificantes sempre fazem isso, porém as pessoas verdadeiramente excepcionais fazem com que sinta que também poderá sê-lo.

Mark Twain

Arrisque. Arrisque o que for. Que não importem as opiniões dos outros, nem suas vozes. Realize aquilo que lhe seja mais difícil. Faz por você mesmo. Encare a verdade.

Katharine Mansfield

A magia do livro

Um livro tem magia. Pode transformar uma pessoa comum em alguém excepcional, um ignorante no mais sábio de todos os homens, um sujeito introvertido num grande orador, um ateu num crente.

Um livro é um jardim, onde milhares de autores semearam um sem-número de conhecimentos, os quais esperam ser colhidos pelo leitor para benefício de sua família, da sociedade a que pertence, de sua nação e do mundo.

Um livro é uma luz que nos guia pelo caminho da verdade, da sabedoria, da paz e da prosperidade, afastando-nos da cruel sombra que deixa a ignorância, o desânimo, a iniqüidade e a miséria.

Um livro é um grande amigo que nos estende a mão quando mais precisamos, que nos aconselha, nos guia, nos faz refletir, nos convida a meditar, até nos chama a atenção quando merecemos e nos leva a conduzir nossa vida pelo caminho da felicidade.

Um livro é um líder que tem como missão formar a próxima geração do milênio, que nos leva a lutar com paixão ferrenha por todos os sonhos que tenhamos em nossa vida.

Um livro tem delineadas as raízes dos hábitos, dos valores, das atitudes e o caráter com que iremos enfrentar nosso destino sem que os problemas mais fúteis nos afastem.

Um livro é o mestre que nos tem acompanhado sempre, que nos ensinou desde o bê-á-bá até as mais complicadas teorias; por ele, através da imaginação temos viajado a lugares exóticos e charmosos, protagonistas de fantásticas aventuras.

Um livro aparelha quem os lê com a felicidade que oferece a superação pessoal, a destreza que os conhecimentos técnicos nos dão, a sabedoria que a história nos proporciona, o entretenimento que nos concedem os contos e romances, e uma série de benefícios que conduzem à vida eterna.

Finalmente, um livro é muito mais do que papel e folhas impressas, é a alma do autor, é dar sem esperar nada em troca, é a fornalha onde se funde o espírito da humanidade, é a chave da sabedoria e da abundância, é a fonte das satisfações, é o instrumento criado por Deus para que a humanidade conheça a palavra.

Um livro tem magia...

Enrique Villarreal Aguilar

O hábito da leitura é uma das melhores heranças que podemos deixar a nossos filhos. Com este valor poderão alcançar todos os objetivos que tenham em seu existir. Sem dúvida alguma o êxito os aguardará pacientemente, a sabedoria lhes dará sempre a coragem para superar qualquer vicissitude e a fortuna andará ao seu lado. Além do mais, sempre estarão acompanhados de um grande amigo: "o livro".

Já não são nossos recursos que limitam nossas decisões; são nossas decisões que limitam nossos recursos.

U. Thant

Um livro é como um jardim que se carrega no bolso.

Provérbio árabe

Se der um peixe a um homem faminto, ele comerá por um dia. Se o ensinar a pescar, ele comerá por toda a vida.

Provérbio chinês

Os prazeres de um dissidente

Acho que sei o que quero. Aqui estão as coisas que me fariam feliz. Não desejarei outras.
Quero uma casa própria, onde eu possa trabalhar. Um quarto que não seja particularmente limpo, nem organizado. Que não haja uma preocupada Tia Nastácia, limpando com sua flanela tudo o que encontra pelo caminho.
Quero uma casa confortável, íntima e familiar. Uma atmosfera plena de cheiro dos livros e outros aromas inexplicáveis; uma grande variedade de livros, porém não em exagero... só aqueles que possa ler ou que eu vá ler novamente, contra o que todos os críticos literários do mundo pensam. Nenhum que exija muito tempo para ser lido, nenhum que tenha a história reaproveitada, nem que ostente demais o esplendor frio da lógica.
Desejo ter os trajes finos que usei por algum tempo e um par de sapatos velhos. Quero a liberdade de usar tão pouca roupa quanto tenha vontade.
Quero ter um lar onde possa ser eu mesmo. Quero escutar a voz de minha esposa e a risada de meus filhos no andar superior enquanto trabalho no térreo e quero ouvi-los no piso de baixo quando estiver trabalhando em cima. Quero crianças que sejam crianças, que saiam comigo a brincar na chuva e que desfrutem do banho de mangueira tanto quanto eu. Quero um pedaço de terra no qual meus filhos possam construir casas de cerâmica, alimentar suas

galinhas e regar suas flores. Quero ouvir o galo cantar pelas manhãs. Quero que na vizinhança haja árvores velhas e bem altas.

Quero alguns bons amigos que me sejam tão familiares quanto a própria vida, amigos com os quais não precise ser cortês e que me contem seus problemas, que sejam capazes de citar Aristóteles e de contar algumas piadas indecentes, amigos que sejam espiritualmente ricos e que possam falar de filosofia ou usar palavras grosseiras com a mesma sinceridade, amigos que tenham preferências claras e uma opinião definida sobre as pessoas e as coisas, que tenham suas crenças pessoais e respeitem as minhas.

Quero ter uma boa cozinheira que saiba cozinhar verduras e fazer sopas deliciosas. Quero um empregado velho, velhíssimo, que pense que sou um grande homem ainda que eu não saiba em que reside a minha grandeza.

Quero uma boa biblioteca, boas crianças inocentes, e uma mulher que me compreenda e deixe-me livre para trabalhar. Enfim, quero ter a liberdade de ser eu mesmo.

Lin Yutang

Já se perguntou alguma vez o que quer na vida? Este é o momento para refletir sobre esta questão; lembre-se que é necessário saber o que você quer para determinar o curso de suas ações e estabelecer as bases que serão o alicerce que determinará o destino desejado. Isto sem dúvida alguma o conduzirá ao umbral da felicidade e da realização.

A vida não consiste simplesmente em viver, mas em estar bem.

Marcial

Nesta vida obterá tudo o que quiser se ajudar as outras pessoas a obter o que querem.

Ronald Reagan

Os momentos mais felizes de minha vida foram os poucos que passei em minha casa, no seio de minha família.

Thomas Jefferson

O valor de um sorriso

Não custa nada, porém cria muito.
Enriquece a quem recebe, sem empobrecer aquele que o dá.

Acontece num abrir e fechar de olhos e sua lembrança às vezes dura para sempre.

Ninguém é tão rico que possa passar sem ele, nem ninguém tão pobre que não possa enriquecer-se com seus benefícios.

Cria a felicidade no lar, inspira o ânimo nos negócios e é a senha dos amigos.

É descanso para os fatigados, luz para os decepcionados, sol para os tristes, é o melhor antídoto contra as preocupações.

Não pode ser comprado, pedido, emprestado ou roubado, porque é algo que não rende benefícios a ninguém, a menos que seja oferecido espontânea e gratuitamente.

Porque ninguém precisa tanto de um sorriso como aquele a quem já não resta nenhum a dar.

Frank Irving Fletcher

O sorriso é a chave que abre as portas da alma: num líder reflete esperança no futuro promissor da empresa, numa mãe é a luz que dá alegria a seus pequenos travessos, num pai oferece segurança para seus entes queridos e, quando um bebê esboça um pequeno sorriso, podemos ver refletido o rosto de Deus. O sorriso faz você ficar diferente, tente.

Perdi muitos anos de oportunidades com minha cólera, meus maus humores e olhares de raiva, quando um sorriso e uma palavra amável teriam aberto tantas portas e abrandado tantos corações que haveriam me estendido a mão para me ajudar.

Og Mandino

O dia mais desperdiçado de todos é aquele no qual não se sorriu.

Chamfort

Um sorriso não custa tanto quanto a eletricidade e ilumina muito mais do que ela.

Anônimo

Na fala está a doação

Um rei sonhou que haviam caído todos os seus dentes. Pretendendo que seu sonho fosse interpretado, mandou chamar um intérprete de sonhos, o qual consultou livros antigos e disse ao monarca:

— Senhor, trata-se de um sonho muito infeliz; significa que todos os seus entes queridos, filhos, esposa e parentes morrerão quando ainda estiver vivo.

O rei se irritou tanto que mandou prender o adivinho.

Mandou chamar outro mago, que consultou livros antigos e disse-lhe:

— Oh, rei, seu sonho é magnífico! Significa que irá sobreviver a todos os seus! Longa vida ao rei!

O monarca sentiu-se tão contente que recompensou abundantemente o adivinho.

Se você sempre vir o lado positivo das coisas, será feliz e fará felizes a todos os demais.

J. P. Vaswani

A pessoa medíocre sempre se concentra nos defeitos dos outros, em cada acontecimento vê uma calamidade, uma crítica destrutiva é sua crença e as queixas sua voz. A pessoa extraordinária observa as qualidades de seu semelhante e as imita, os fracassos transformam-se em experiência e ver o lado bom das coisas é seu credo. É uma pessoa feliz e faz felizes a todos os que a cercam.

As dificuldades manejadas são oportunidades ganhas.

Winston Churchill

Uma resposta agradável pode apagar o mais explosivo furor.

La Bruyère

As palavras frias congelam as pessoas e as palavras cálidas as incendeiam; as palavras amargas amarguram-nas e as palavras furiosas enfurecem-nas; as palavras doces enternecem e produzem sua própria imagem nas almas dos homens, que se refletem na própria pessoa, apaziguam, confortam e modificam quem as escuta.

Pascal

DEUS

A oração é o ponto de encontro entre Deus e o homem.

Enrique Villarreal Aguilar

Atreva-se a ser feliz

Esta é a história de Mary, que acabara de perder seu amado esposo. Não sabia, mas também estava perdendo seu filho, Ricky, de 15 anos de idade.

Mary, desde aquele triste acontecimento, vivia chorando a ausência de Mário, seu amado marido, que a fizera feliz por tantos anos. Ela dizia a Ricky que o amava, mas não parecia verdade, porque as palavras não condiziam com seus atos.

Ricky tinha mudado bastante. Aquele jovem alegre, juvenil e brincalhão já não era o mesmo. Transformara-se numa pessoa triste, melancólica e lamurienta, e andava malvestido e sujo.

Nenhum dos dois parecia ter escutado o que dissera Mário, o amado esposo de Mary, antes de morrer. Pediu-lhes que fossem muito felizes, mesmo sem ele. Ambos mentiram, porque a partir daquele instante a melancolia tomou conta daquele lar.

Um dia Mary foi à missa, arrumou-se e despediu-se displicentemente de Ricky: apenas via que estava ali. Depois de assistir à missa, na saída da igreja encontrou-se com uma senhora de belíssimos olhos que lhe ofereceu uma flor e disse:

— Pegue, minha filha, não fique mais triste, pegue esta rosa e a ofereça ao ser que mais ama na vida, abra seu coração e a vida lhe sorrirá.

Mary pegou a rosa, agradeceu à mulher e pensou em seu filho. Normalmente depois da missa costumava visitar o túmulo de seu marido no cemitério, porém desta vez mudou seu itinerário e decidiu encontrar seu filho para dar-lhe aquela flor.

Mary chegou sorridente em casa. Pela primeira vez desde que ocorrera a tragédia com seu esposo, observou seu filho e disse:

— Olhe bem como você ficou, cada vez mais magro, sua roupa está suja e puída, seu rosto visivelmente triste e cansado. Como é possível que eu tenha me descuidado tanto de você? Perdoe-me, filho; perdoe-me, meu Deus. Olha, filho, uma senhora acabou de dar esta flor e disse-me que a entregasse à pessoa que mais amo na vida, e adivinhe? Pensei em você.

— Obrigado, mamãe — respondeu Ricky enquanto as lágrimas brotavam sem parar sobre seu rosto pálido. — Você também é a pessoa que mais amo nesta vida.

Mary pegou a rosa e colocou-a num vaso. Para sua surpresa ao lado deste havia um frasco de veneno.

— O que é isso? — perguntou Mary.

Ricky respondeu:

— Mamãe, a indiferença que sentia em você era tão grande que pensei em me suicidar. Porém esta rosa, este pequeno grande detalhe, me fez refletir e compreender o tanto que lhe quero bem, o quanto você me faz falta. Obrigado, mamãe, você acaba de salvar a minha vida.

Naquele dia choraram copiosamente. Mary sabia que havia recuperado seu filho, e Ricky recuperou o amor e a atenção de sua mamãe. Pela primeira vez, depois que Mário faleceu, ambos cumpriram sua palavra sendo felizes.

Enrique Villareal Aguilar

A monotonia destrói os detalhes que tendem a acrescentar às relações familiares: uma flor de papel, um "eu te amo", uma rosa ou um simples bilhete onde expresse seus sentimentos podem ser a diferença entre uma família que está a ponto de se dissolver e um lar onde vivem a harmonia, a paz, a alegria e a prosperidade. Transforme a vida de seus entes queridos com um pequeno presente que não custe muito, mas que engrandeça o coração de quem o receba.

Deus muda de aparência a cada segundo. Bendito seja o homem que puder reconhecê-lo em todas as suas faces. Em determinado momento, é um copo de água fresca, no seguinte é seu filho que se ajoelha aos seus pés, ou uma encantadora mulher, ou talvez apenas uma caminhada matutina.

Nikos Kazantzakis

No respingo dos pequenos detalhes o coração humano encontra o frescor do amanhecer.

Gibran Kahlil Gibran

As pequenas coisas, feitas com grande amor, trazem felicidade e paz.

Madre Teresa

Entrevista com Deus

— Esqueça — disse-me Ele. — Como pode querer me entrevistar?
— Se tiver tempo, Senhor.
— Meu tempo chama-se eternidade e a tudo alcança — sorriu.
— Senhor, que inveja.
— Que pergunta vai me fazer?
— Nenhuma nova, nem difícil para o Senhor. Por exemplo: O que mais O diverte nos homens?
— Que se irritem em ser crianças, com pressa de chegar à vida adulta e em seguida sonhem em voltar a ser crianças. Que percam a saúde para conseguir dinheiro e em seguida percam dinheiro para recuperar a saúde. Que de tanto pensar ansiosamente no futuro se descuidem de seu momento atual e não vivam nem o presente nem o futuro. Que vivam como se não fossem morrer e morram como se não tivessem vivido.
— Qual é a ave de que mais gosta?
— Qualquer pássaro é um monumento.
— O que acha do capitalismo e do socialismo?
— Todos os homens são meus filhos, os oprimidos, os opressores, os de esquerda, os de direita; portanto são irmãos entre si e é isso que esquecem. O que salva o homem não é o sistema, mas o amor.
— Qual é a flor de que mais gosta?

— Quando uma mãe sussurra para seu filho, é como se o universo florescesse.

— Ser Deus é chato ou fascinante?

— Um sábio se distrai pesquisando em seu laboratório, um jardineiro se diverte trabalhando no jardim, um pai amando em seu lar. Agora eleve estas diversões ao infinito. Minha vida não pode ser mais bela; uma vida de trabalho e conhecimento, de amor e servir: horta, laboratório e lar.

— Quando chegar o fim do mundo, que imagem poderia ser salva de um incêndio?

— Há uma aqui que me entusiasma. Não digo qual para não dar trabalho aos seguranças de museu. Todo o bem e o belo criado pelo homem é indestrutível.

— O que acha dos astronautas?

— Emociona-me ver aquelas pequenas formigas escalando um arranha-céu. É uma rajada de inteligência no silêncio do cosmos.

— Deve se lembrar que um deles ao subir em sua cápsula disse não tê-lo visto.

— Também não viu o bosque e certamente existe. Os olhos vêem pouco, mas a inteligência e o amor vêem mais. A fé a tudo vê; além disso, se o astronauta não pôde ou não quis me ver, em contrapartida, eu podia vê-lo, e o vejo agora. Isso é o mais importante.

— Qual é Sua leitura preferida? Depois da Bíblia, é claro.

— Os jornais, porque são a continuação da criação; também me agrada a poesia, a boa poesia, bem entendido. Na outra não ponho mais meus olhos mas meu perdão.

— Senhor, qual o pecado que mais repugna?

— Não há pecado para o qual eu não tenha uma in-

finita indulgência. Só há um para o qual reservo todo o peso de minha justiça: a exploração do pobre.
— Senhor, prefere ser amado ou temido?
— Se você é pai, sabe a resposta.
— Incomoda-O que o mundo tenha ateus?
— Asseguro-lhe que muitos que se dizem não o são, outros buscam-me ainda que não saibam e outros chamam-me por nomes diferentes.
— Qual a sua opinião sobre os teólogos que falam da morte de Deus?
— Alguns já morreram e outros não tardarão.
— Tem algo contra a liberação da mulher?
— Sou feminista; veja só, tive a idéia de criar a mulher e não descansei enquanto não a vi pronta. Só a partir delas o mundo se completa.
— Não acha que este mundo, cheio de crises e problemas, agoniza e submerge?
— Já vi outros ventos e tempestades; na verdade digo-lhe que a noite sempre desemboca no amanhecer. — E então alisou sua barba com a mão e sorriu.

Anônimo

Bem-aventurado o homem que controla suas vontades, porque criará o destino que sempre sonhou; bem-aventurado o homem que dominou suas emoções, porque terá um irmão em cada lugar por onde passar; bem-aventurado o homem piedoso, porque saberá consolar um necessitado; bem-aventurado o homem que tem Deus em seu coração, porque Deus também o guardará em seu coração, proporcionando-lhe a vontade, o domínio de suas emoções e a empatia para ser feliz.

Creio em Deus do mesmo modo que creio em meus amigos, porque sinto o alento de seu amor e a força de sua mão invisível, intangível, que me leva e traz.

Miguel de Unamuno

Deus está sentado em todos os corações.

Bhagavad Gita

Nunca permita que sua cabeça se abaixe. Nunca se dê por vencido e sente-se a chorar. Encontre outra maneira. E não reze quando choves, mas quando brilhas o sol.

Satchel Paige

Mulher

Numa linda manhã, Deus decidiu criar um anjo que tivesse o dom de dar a vida. Rapidamente, dispôs-se a realizar tal magnífica tarefa e trabalhou incessantemente para conseguir o toque ideal para tão delicado e belo projeto.

Um querubim, intrigado ao ver Deus trabalhando tanto, perguntou:

— O que está fazendo, Senhor?

Deus respondeu:

— Aproxime-se, filho, quero que veja uma das mais belas obras da natureza, a qual fiz como prêmio para meus filhos, por crerem tanto em mim. Nesta obra se ocultará o maior tesouro de qualquer ser humano, o dom da vida.

O querubim falou emocionado:

— Vai dar a este anjo o dom da vida? Que presente maravilhoso, Senhor!

Deus apenas sorriu e continuou falando sobre sua obra:

— Este anjo deverá estar preparado para muitas provas. Por nove meses terá de resistir a todo tipo de transtornos, suportar dores e sofrer incômodos. Sofrerá uma transformação em seu caráter que a fará mais sensível, porém isso lhe dará a delicadeza que tão belo presente requer. Deverá defender este dom como uma leoa, inclusive dando sua própria vida para defendê-lo: não há lugar mais seguro para um bebê do que no ventre deste anjo.

"Deverá ser terna, afastar-se das tentações, conversar com o pequeno dentro de sua formosa e avantajada barriga, amá-lo, pôr música para que ele ouça, ter a capacidade de acalmar-se em momentos cruciais para não causar nenhum dano a este esplêndido dom.

— Senhor, não está pedindo demais? — interrompeu o querubim.

Deus, emocionado, continuou feliz com seu belo projeto. E disse:

— Talvez sejam os nove meses mais intensos de sua existência e a dor seja constante, porém sempre irá considerá-los os mais belos de sua vida.

"A dor e o amor se fundirão fazendo das duas vidas uma só pessoa. Esses dois amores dependerão tanto um do outro quanto a noite precisa das estrelas, como um belo amanhecer necessita de um maravilhoso raio de sol, como a flor precisa de seu agradável aroma, como a floresta, do canto das aves, como o mar necessita da música de suas ondas, como um amante deseja ser inspirado pelo amor, como a lua, dos namorados.

Com as lágrimas brotando de seus olhos, o querubim perguntou apenas:

— E como se chamará tão maravilhoso anjo?
— Chamá-lo-emos... Mulher.

Enrique Villarreal Aguilar

Já pensou que não há tarefa mais bela, nobre e magnífica do que o belo dom de trazer ao mundo um bebê? Deus reservou esta graça para a mais frágil, sutil e bela das criaturas e a chamou mulher. Nada pode se comparar a esta qualidade, por isso diz o pensamento de Miguel Ángel Bounarroti: a máxima criação humana não se compara à maravilha divina de uma mulher dando à luz um novo ser.

O verdadeiro amor supõe sempre a renúncia à própria comodidade pessoal.

Tolstoi

O coração tem razões que a própria razão desconhece.

Pascal

Nenhum amor no mundo pode tomar o lugar do amor.

Marguerite Duras

Primeiro dar

Deus concedeu a uma pessoa a grande realização de compreender qual o verdadeiro paraíso e qual o verdadeiro inferno.
Então, Deus a levou primeiro ao Inferno.
Era um grande salão, no meio do qual estava um grande caldeirão onde se cozinhava um delicioso guisado. Havia muitas pessoas ao redor, cada qual com uma colher enorme.
Mas eram tantas pessoas e tão grandes suas colheres que ninguém conseguia introduzir sua colher e comer com ela.
Com tão deliciosa comida, morria-se de fome.
Em seguida, Deus a levou ao Paraíso.
Também era uma grande salão, com muitas pessoas e cada qual com sua grande colher.
Porém uns metiam sua colher no caldeirão e davam de comer ao que estivesse adiante, enquanto este comia da colher que lhe oferecia seu vizinho.
Assim, ninguém morria de fome.

Anônimo

Reza a máxima das relações humanas: "Aquele que quiser ser o mais poderoso entre vocês deverá ser o que mais serve dentre todos."

Dê, e a vida, de modo generoso, lhe devolverá todos os detalhes em abundância. Terá amigos, conhecerá a gratidão. Deus viverá em seu coração e você nunca caminhará sozinho, pois sempre haverá alguém que deseja seguir ao lado de quem tem amor em seu íntimo, que está acostumado a dar.

Se vai tomar, deve dar primeiro: este é o princípio da inteligência.

Lao-Tsé

Só vale a pena viver uma vida a serviço dos outros.

Albert Einstein

Faça aos outros o que gostaria que fizessem a você.

Bíblia Sagrada

Os passos do Senhor

Senhor:
Ao longo destes anos tenho seguido seus passos, defendi sua palavra e me rebelei contra os que O desmentem; o amor que o Senhor inspira levei aonde quer que fosse, conheci suas obras e me mantive como seu mais fervoroso súdito; todos os meus familiares crêem no Senhor por intermédio de minhas palavras. Deus, amo-O, porém gostaria muito que me dissesse:

Por que motivo experimentei a pobreza? Por que me fez sofrer e a meus filhos por doenças? Por que vivi na ignorância por tantos anos de minha vida? Por que conheci a guerra? Por que padeci de fome? Por que vislumbrei o ódio? Por que conheci tanta gente que me fez mal?

Não sabe o quanto me esforcei para alcançar a riqueza, para sair da doença, para combater a ignorância, para alcançar a paz, para acabar com a fome, para conhecer o amor, para lutar contra meus defeitos, para defender-me dos que me fizeram mal! Diga-me, Senhor, se O amo tanto, porque não me deu ao menos um pouco disso?

Deus apenas respondeu:

— Querido filho: Como poderia valorizar a riqueza sem a pobreza, a saúde sem a doença, a sabedoria sem a ignorância, a paz sem a guerra, a abundância sem a fome, o amor sem o ódio, o bem sem o mal, a amizade sem o desamor?

E com estas palavras pude compreendê-Lo, me ajoelhei, abaixei a cabeça, pedi perdão e dei graças a Deus por me permitir valorizar a vida, por deixar-me seguir os passos do Senhor.

Enrique Villarreal Aguilar

Antes de maldizer a escuridão, observe bem, porque detrás dela pode se encontrar um horizonte infestado de estrelas, com as quais poderá traçar o caminho que o conduzirá pelo atalho do êxito. Lembre-se que por trás de uma adversidade sempre está oculta uma oportunidade, à espera de que tenha capacidade para enxergá-la e assim alcançar seus sonhos.

Todo grande homem, todo homem de sucesso, não importa a área em que se desenvolva, conheceu a magia que existe nestas palavras: toda adversidade carrega em si a semente de um benefício equivalente ou maior.

W. Clement Stone

Podemos arremessar pedras, nos queixar delas, tropeçar nelas, escalá-las ou construir com elas.

William Arthur Ward

Na minha opinião, se você quer desfrutar do arco-íris, terá que suportar a chuva.

Dalle Parton

O tesouro oculto

Conta uma antiga lenda hindu que, numa determinada época, todos os homens que viviam sobre a terra eram deuses, porém, como o homem pecou muito, Brahma, o deus supremo, decidiu castigá-lo privando-o do alento divino que havia em seu interior e escondeu tal dom onde jamais pudesse encontrá-lo, para que não o empregasse novamente para o mal.

— Escondamo-lo no mais profundo da terra — disseram os outros deuses.

— Não, porque o homem cavará profundamente a terra e o encontrará — disse Brahma.

— Então, submerjamo-lo no fundo dos oceanos — disseram.

— Também não — disse Brahma —, porque um dia o homem aprenderá a submergir no oceano e também o encontrará lá.

— Escondamo-lo então na montanha mais alta — disseram.

— Não — disse Brahma. — Porque um dia o homem subirá as montanhas da terra e capturará novamente seu alento divino.

— Então não sabemos onde escondê-lo, tampouco conhecemos um lugar onde o homem não possa encontrá-lo — disseram os deuses mais novos.

E Brahma disse:

— Esconda-o dentro do próprio homem, nunca imaginará encontrá-lo ali.

Assim fizeram. Oculto no interior de cada ser humano há algo divino. Desde então o homem recorreu à terra, mergulhou nos oceanos, subiu montanhas buscando essa qualidade que o faz semelhante a Deus e que o tempo todo esteve dentro dele.

William H. Danforth

Tirado de
Um instante... para ti,
de Elsa Sentíes e Rafael Martín del Campo

*E*xiste um lugar onde você pode encontrar a origem de sua felicidade, porém também a infelicidade; a alegria e a tristeza estão presas ao mesmo galho e dele você tem a opção de tomar o fruto do êxito ou do fracasso. Se você busca o bem, pode encontrar Deus; neste momento começa a mudança para ter boas ou más atitudes diante da vida e só você tem a chave para abri-lo: é seu interior.

*S*e vê Deus em todo o mundo, todos verão Deus em você.

Anônimo

Não deve dizer "Deus está em meu coração", mas sim "Estou no coração de Deus".

Gibran Khalil Gibran

O que você é, é o presente de Deus para você. O que fizer com ele, é seu presente a Deus.

Anthony Dalla Villa

O juízo

Chegaram três homens ao Céu para que fossem julgados. O primeiro era um grande homem de negócios, o segundo um rico político e o terceiro um humilde camponês.

Antes de começar o julgamento, disseram-lhes que só um deles iria ficar no Céu, portanto tinham de dizer tudo de bom que haviam feito na vida e refletir sobre o mal que causaram.

Assim começou o homem de negócios:

— Em minha jornada pela vida realizei muitos negócios, com os quais criei postos de trabalho, dei a meus filhos todas as riquezas que não gozei em minha infância, minha esposa esteve rodeada de luxos e meus familiares gozaram dos melhores empregos em minhas empresas. Definitivamente eu devo ser aquele a viver no Céu.

Uma voz que brotava de seu interior comentou: "Agora lembre-se do mal", e refletiu:

— É verdade, quando realizei meus negócios abandonei minha família a ponto de quase me separar. Dei dinheiro a meus filhos, porém nunca lhes dediquei ao menos uma hora do meu tempo para discutir seus problemas, talvez por isso o mais novo de meus filhos sempre tenha sido muito relaxado com os estudos. Quando me aproximei deles para dizer o quanto os amava? Cobri minha esposa de luxos, porém não de amor. Talvez isso tivesse sido mais importante para ela e para toda a minha família. Quanto sofreram para ganhar o que tanto mereciam. Como fui tolo... perdoe-me, Deus.

O segundo a responder foi o político.

— Preocupado com minha nação, dediquei-me plenamente a ela, criei normas que davam um tratamento mais justo aos cidadãos, não me casei nem tive filhos para não ter que me arrepender como o homem de negócios. Os membros de meu gabinete tiveram tudo o que quiseram. Definitivamente, sou quem deve viver no Céu.

E uma voz que brotava de seu íntimo comentou: "Agora lembre do mal", e refletiu:

— Mais do que minha nação, o desejo de ser reconhecido foi o que me impulsionou para a política. Esta sede de poder que os cargos políticos oferecem jamais pode se dominar. As regras eram o que menos me interessava, mas os negócios que pude realizar. Tive muitas amantes, porém nunca tive a sorte de chegar em casa e ter alguém que me esperasse sem interesse material, ou ter a alegria de abraçar uma criança que com suas travessuras enchesse de felicidade meu lar. Os membros de meu gabinete, gente aduladora, sem opinião, ambiciosa, como poderiam gostar de mim, se na realidade nem eu mesmo me amava? Desculpe-me, Deus, não apreciei tudo o que me ofereceu.

O último a responder foi o camponês.

— Desculpe-me, Deus por ser tão descarado, porém me dediquei a desfrutar a vida. Você me ofereceu o campo e o aproveitei. Das árvores que me presenteou obtive comida e sustento. As estrelas tornaram-se o teto mais lindo que poderia haver em meu lar. Meus filhos e eu desfrutamos os momentos mais belos na natureza; pobremente, porém, ajudei-os a concluir sua carreira. A comida era servida quando estávamos todos juntos à mesa, não sem antes ter agradecido por nosso pão que nos mandava a cada dia. Minha esposa foi o anjo que nos mandou para que cuidasse de nós, e a noite em que a levou, partiu meu coração.

Não pude perdoá-lo naquele momento, por isso é que para este pobre camponês está negado o Céu, ainda que aqui tenha minha esposa amada.

Nesse momento, abriram-se as portas do Céu para o camponês, onde o esperava sua amada esposa.

Enrique Villarreal Aguilar

Se neste momento se iniciasse o Juízo Final, que contas acertariam com o Criador? Foram realmente bons pais, irmãos, amigos, empregados ou líderes? Existe alguém que precisa dos seus sentimentos de amor ou amizade? Não desperdice nem um só instante, porque em qualquer momento podemos nos surpreender com o final de nossa existência. Hoje foi o dia designado para manifestar a nossos entes queridos o quanto os amamos.

Quando um homem aparece diante do Trono do Juízo, a primeira pergunta que lhe será feita não será "Acreditaste em Deus?" ou "Rezaste ou assististe à missa?", mas sim "Trataste honradamente a seus semelhantes?"

Talmude

Só quero deixar o mundo um pouco melhor do que o encontrei, esta é minha meta na vida.

Armand Hammer

A oração é uma conversa com Deus.

São Clemente de Alexandria

Diálogo

Menino: Como se chama esta flor?
Velho: Chama-se "Não me esqueça".
Menino: Quem pôs este nome?
Velho: Suponhamos que tenha sido Deus.
Velho: O que está fazendo?
Menino: Estou espremendo espinhas.
Velho: Por quê?
Menino: Os veadinhos não usam sapatos, né?
Velho: É verdade, menino.
Menino: Quem faz as guerras?
Velho: Os homens que se esquecem dos meninos.
Menino: Ontem vi dois pássaros nesse ninho, ali sobre a árvore. Hoje só resta um vivo, qual deles terá morrido?
Velho: Certamente o macho.
Menino: Como pode saber?
Velho: Caso contrário, o ninho estaria vazio.
Menino: O que pensa quando uma pessoa viaja?
Velho: Que voltará e a verei.
Menino: E... quando alguém morre?
Velho: Que terei de fazer uma viagem para vê-lo.
Menino: Não entendo.
Velho: Logo entenderá.
Menino: Que quer ser quando crescer?
Velho: Gostaria de ser o jardineiro das estrelas. E você?
Menino: Eu queria ser Deus.

Velho: Por quê?
Menino: Para fazê-lo jardineiro das estrelas.

Elvia Rodríguez Cicerol

Quando foi a última vez que iniciou uma conversa com seus entes queridos? Há quanto tempo entrou pela última vez no mundo da imaginação de suas crianças e fez parte de assombrosas histórias que, ainda que um tanto fantasiosas, uniram os corações desse pequeno e o seu? Lembrem-se de que o tempo mais bem investido é o que dedicamos ao nosso desenvolvimento e ao de nossa família.

À medida que sentimos o divino e o extraordinário, nossa vida se torna muito mais extraordinária.

Richard Carlson

Deve lembrar que sua passagem pela Terra é como um simples mortal, porém deve sonhar como um Deus.

Ovídio

O dia mais irremediavelmente perdido é aquele em que não se sorriu.

Chamfort

Uma criança

Um anjinho triste e próximo da Terra conversava com Deus sobre o porquê, se ele era tão feliz no Céu, de ter que baixar ao mundo.

Deus, sorrindo e enternecido por tão bela criatura, respondeu:

— Meu querido filho, não se aflija, lá na Terra o esperam dois seres que irão cobri-lo de amor, protegê-lo, educá-lo e fazê-lo feliz.

— Meu Papai Deus, eu já sou feliz aqui! — comentou o pequeno anjinho.

— É verdade — respondeu Deus —, mas agora vá se trocar e fazer felizes os outros, preenchê-los com alegria e amor. Com suas travessuras fará germinar sorte no lar, dará o toque e a grandeza de uma criança.

— Uma criança? O que é uma criança? — perguntou o anjinho.

— Uma criança é a expressão mais sublime do amor. Através dele se experimentam as sensações mais maravilhosas e indescritíveis.

"Uma criança tem a missão de dar alegria a seus pais apenas com sua presença, come muitos doces e é brincalhona. Seu rostinho sujo e suas calças bagunçadas inspiram ternura em qualquer pessoa. Com sua imaginação, viajará aos lugares mais recônditos da face da Terra.

"Mamãe e papai se sentirão os seres mais importantes. Ela cuidará dele como uma leoa e lutará para dar tudo o que seu pequenino precisar. Quando ele estiver triste ou doente, seu lar respirará o mesmo ar; porém quando estiver feliz, parecerá que uma aura angelical cerca sua casa.

"A criança é o centro sobre o qual gira o lar, podendo realizar todo tipo de travessuras e, com um pequeno sorriso, conseguirá tranqüilizar os pais. Uma só palavra, um 'te amo, papai', ou 'te amo, mamãe', bastará para conseguir tudo o que quiser.

"Seus beijos são elixir do amor e, graças a ele, posso chegar com maior facilidade a todos os lugares do planeta, já que representa meu desejo de ternura, a beleza e o amor pelo homem.

O anjinho, interrompendo as palavras de Deus, perguntou:

— Por que choras, Deusinho?

— É que vou sentir muito a sua falta. Já é hora da sua partida. Não se esqueça de lembrar a seus pais que lhe ensinem a rezar e o caminho de volta para mim; eles já sabem como.

O pequeno sorriu, aquele delicado sorriso que só um bebê pode oferecer, despediu-se de Deus e disse alegremente:

— Lá vou eu! Já estou ardendo de curiosidade para conhecer meus pais!

E Deus ficou triste sem seu pequeno anjinho. Na Terra, diziam a uma mulher:

— Felicidades, senhora, seu lindo bebê acaba de nascer.

Enrique Villarreal Aguilar

Uma criança é a brisa que refresca diante do calor de um sol de verão, é a conjunção de duas almas que respondem ao amor, é a certeza de que Deus está conosco e de que é seu desejo que levemos uma esperança à humanidade; é amor, a ternura, delicadeza e a inocência modeladas num só ser; é o sol que esteve oculto nove meses sob a nuvem maternal.

Um bebê é o arco-íris que se assoma depois de nove meses de tempestade.

Enrique Villarreal Aguilar

Existe uma forma de sorriso que nasce do coração. Escutada diariamente é a alegre voz das crianças, a expressão de um espírito amante do sorriso que desafia a análise do filósofo, que não tem nada de rígido nem de mecânico e que não tem nenhum significado social. O sorriso, surgindo espontaneamente do coração do menino ou do homem, sem egoísmo e cheio de sentimento, é a música da vida.

Sir William Osler

Em minha opinião, a boa ou má conduta futura de uma criança depende totalmente da mãe.

Napoleão

Deus e as mães

Muitas mulheres tornaram-se mães por acidente, outras por decisão, outras ainda por pressões sociais e por seus parceiros, ou até mesmo por hábito.
Já se perguntou alguma vez por que as mães de crianças doentes são escolhidas?
De certo modo, vejo Deus rondando sobre a Terra, selecionando seus instrumentos para a propagação da humanidade com grande esmero e decisão.
Enquanto Ele sinaliza, instrui a seus anjos que tomem nota num velho livro gigante:
— Dê a María Gutiérrez um filho e como patrono Mateus. A Guadalupe Beltrán uma filha, de santa padroeira Cecília. A Mary Carrie gêmeas e como santo padroeiro... dê-lhes a Geraldo. Ele costuma protegê-las.
Finalmente, ele aprova o nome e sorri dizendo:
— Dê a ela um menino doente.
O anjo mostra-se curioso e pergunta:
— Por quê, Deus? Ela era tão feliz...
— Exatamente — sorriu Deus. — Poderia dar um filho doente a uma mãe que não sabe sorrir?
— Mas ela sofrerá? — perguntou o anjo.
— Eu não desejo que ela sofra muito, nem que se afunde num oceano de desespero e compaixão por si mesma. Uma vez que o transtorno e o ressentimento passem, aceitará e saberá manejar a situação. Eu a observei hoje, tem um senso

de oportunidade e independência que é muito estranho, mas necessário para uma mãe.

"O menino que lhe darei tem seu próprio mundo e ela deverá fazer com que viva no dela e isso não vai ser fácil.

— Mas Deus — continuou o anjo —, acho que ela não acreditará mais em Ti.

Deus sorriu:

— Não importa, eu posso consertar isso. Este caso é perfeito, pois ela tem justamente muito amor-próprio.

O anjo se assustou:

— Amor-próprio? Mas isso é uma virtude?

Deus assentiu com a cabeça e respondeu:

— Se ela não se sentisse capaz de tomar para si a tarefa de criar o menino, não seria tão perfeito. Ela ainda não sabe, mas será invejada. Sempre considerará um feito qualquer palavra dita por seu filho. Nunca considerará um passo vacilante de suas perninhas mal dado. Quando seu filho a chamar de "mamãe" pela primeira vez verá um milagre e quando lhe descrever uma árvore ou um pôr-do-sol, compreenderá que estará vendo o mundo como poucas pessoas terão visto minhas criações.

E Deus continuou:

— Vou permitir-lhe ver claramente as coisas que vejo... ignorância, crueldade, preconceitos. Nunca estará só, estarei sempre a seu lado cada minuto do dia de sua vida, porque ela será meu trabalho, tão segura como se estivesse aqui ao meu lado.

— E quem será seu santo protetor? — perguntou o anjo.

Deus sorriu:

— Um espelho será suficiente...

Anônimo

Aquele que luta com mais afinco contra as circunstâncias terá seu prêmio em dobro: observará um milagre onde o homem comum vê algo normal, cada passo que der o impulsionará a alcançar a felicidade. Enquanto o homem comum terá que caminhar o dobro sem jamais saber por quê, o que lutar contra as adversidades nunca terá que elevar suas preces ao Céu, porque Deus sempre caminhará a seu lado.

Deus está na tristeza e no sorriso, na amargura e na doçura. Por trás de tudo existe um propósito divino e, portanto, uma presença divina em tudo.

Neale Donald Walsh

A maioria das pessoas é tão feliz quanto decide ser.

Abraham Lincoln

Ninguém pode ser valente se só lhe aconteceram coisas maravilhosas.

Nathaniel Emmons

De boas intenções...

Um anjo olhava do céu para baixo, um tanto triste por tudo o que lá acontecia.
— Como é possível? — dizia.
Um querubim, admirado por esta situação, aproximou-se do anjo e perguntou:
— O que o preocupa, irmão anjo?
O anjo apenas respondeu:
— Como é possível?
— Não entendo o que o preocupa — tornou a perguntar o querubim.
E o anjo respondeu:
— Veja bem, querubim, estou observando os infernos: aquele homem, de barba, era a típica pessoa que prometia ser melhor no dia de amanhã; cada noite dizia a si mesmo: "Amanhã serei uma pessoa diferente, farei dieta, farei exercício, serei mais amável com todas as pessoas, certamente o mundo me abrirá as portas para me assistir vencer." Nunca fez nada e veja como terminou.

"A senhora de amarelo sempre dizia que teria mais cuidado com os filhos, que seu lar sempre estaria arrumado, que não faria mais intrigas na vida, que se dedicaria um pouco mais a cuidar de sua aparência, que a leitura seria seu principal *hobby*. Nunca fez nada e veja como terminou.

"Aquele senhor, de bigode e óculos, prometeu que seu mau caráter jamais voltaria a dominá-lo, que concluiria seus estudos, que a honestidade reinaria em sua vida, que jamais roubaria o povo que o apoiou a alcançar o poder. Nunca fez nada, e veja agora onde foi parar.

"Como estas três pessoas, há uma infinidade de casos de gente que tinha bons propósitos mas nunca os levou adiante. Não resta dúvida de que os infernos estão cheios de gente com boas intenções.

Enrique Villarreal Aguilar

Das boas intenções às ações há um caminho estreito que pode levar ao Céu ou ao Inferno. A chave é muito simples, para passar das palavras aos fatos escute bem a explicação, porque uma vez que a domine só encontrará a sorte e a fortuna. Todos os seus propósitos, os que deixa para realizar no dia de amanhã, não os faça amanhã, faça hoje e a partir de agora a fortuna lhe acompanhará.

O céu nunca ajudará aquelas pessoas que não agem.

Sófocles

Não importa se tenta e torna a tentar e fracassa. Mas importa se tenta, falha e deixa de tentar.

Charles F. Kettering

A melhor maneira de que algo se faça é começar a fazê-lo.

Anônimo

A verdade

Deus resolveu criar uma loja na qual os seres humanos pudessem comprar tudo que precisassem. Um ser confuso se apresentou muito antes da hora e, com certo medo, pediu se podiam vender-lhe a verdade. A vendedora, um anjo muito simpático, definitivamente celestial, perguntou-lhe docilmente se tinha certeza do que queria, pois era um pedido muito ambicioso querer a verdade absoluta. O homem insistiu e finalmente o anjo concordou em atender ao seu pedido, sem deixar de adverti-lo de que o preço seria muito alto. O cliente, sem duvidar disso, pegou sua carteira, disposto a pagar qualquer quantia pela verdade.

Contudo o anjo o advertiu de que a verdade não tinha preço algum, só o custo da responsabilidade de assumir o seu conhecimento. O cliente titubeou por um instante e finalmente aceitou correr o risco, sem se importar com as conseqüências. O anjo o encaminhou para uma sala especial, reservada para os clientes verdadeiramente importantes, cuja ambição os havia levado a solicitar o mais caro.

O lugar estava extraordinariamente decorado, com um gosto um tanto estranho. Serviram-lhe um delicioso licor; nosso personagem se instalou confortavelmente e observou surpreso como, de uma gaveta talhada em madeira de lei, o anjo tirou uma belíssima caixa de cristal, com extremo cuidado a depositou sobre uma delicada mesa e a seguir lhe pediu que a abrisse e que se inteirasse da verdade. O homem titubeou um instante, porém finalmente atreveu-se a abri-la. Para sua surpresa, somente encontrou umas letras que diziam:

"Ninguém é responsável por sua vida, só você mesmo; não culpe nenhum outro ser pelo que não conseguiu alcançar, pois sua felicidade, sua realização ou sua mediocridade têm somente um autor: Você. Viva de hoje em diante com esta verdade e atreva-se a ser aquilo para o que foi criado: um Vencedor."

Anônimo

Presenteie-se com alguns minutos de silêncio, deixe de lado os rancores, reflita: quantos amigos você tem? O que pensam de você? O que pensam de você seus entes queridos? Quantos sucessos teve na vida? Com toda certeza encontrará diante de você o cruel fantasma da verdade, que sem remorso dirá quem você é. Porém, de posse deste conhecimento, viva e atreva-se a transformar-se naquilo para o qual foi criado: um ser feliz e bem-sucedido.

A verdade entra no espírito com tanta facilidade que, quando a ouvimos pela primeira vez, parece que não fazemos nada mais do que recordar algo que sabíamos de cor.

Fontenelle

Bendita a pessoa que vê a necessidade, reconhece a responsabilidade e agilmente as transforma em resultado.

William Arthur Ward

Cuide bem de seu futuro, porque nele passará o resto da sua vida.

Charles F. Kettering

Meu menino

Deus estava olhando alegre na direção da Terra para a brincadeira de uns meninos, quando um anjo se aproximou e disse:
— O que está olhando, Senhor?
— Para meu filho. É lindo, não é?
O anjo respondeu:
— Nada mais é do que um humano.
Deus respondeu:
— Lembre-se que os humanos são meus filhos, porém meu menino é especial.

"Meu menino é o mais belo da Terra, seus poucos dentes e palavras entrecortadas produzem graça e amor em mim.

"Meu menino é um grande viajante, percorreu os lugares mais surpreendentes que possa imaginar através de seu mundo de fantasia.

"Meu menino já rompeu muitos recordes, o das calças sujas e camisas descosturadas. É impossível que exista uma malha que suporte tal turbilhão de unhas quebradas e joelhos ralados.

"Meu menino é um erudito, já sabe dizer mamãe e papai, contar até dez, as cores em inglês e em espanhol, sabe várias músicas e os nomes dos animais.

"Meu menino é um grande desenhista, todas as paredes das casas têm suas obras de arte, a qualquer momento pode explodir seu talento, só bastam alguns lápis coloridos.

"Meu menino tem o dom da persuasão, basta ficar chorando em qualquer supermercado ou lugar que o levem e obterá com isso o que quiser e, se ele sorrir oferecendo um beijo, aposto que lhe comprarão ainda mais.

"Meu menino lida muito bem com relações públicas, com todo mundo se diverte, comunica-se alegremente com as pessoas. Ainda que poucos realmente compreendam o que diz, ficam felizes em falar com ele.

"Meu menino conhece o marketing, já que faz com que se lembre dele aonde quer que você vá, no escritório, nos negócios, no clube, nos centros comerciais, sempre o levará no coração. Não importa que o deixe de castigo no quarto, ou que vá para a escola, nunca conseguirá esquecê-lo.

"Meu menino é um grande conquistador, aquela carinha suja, aqueles olhinhos travessos, as calças sujas, totalmente despenteado, esboçando um sorriso enquanto lhe abraça e diz 'te amo', despedaçam o coração de qualquer pai.

"Meu menino tem no seu pequeno corpinho a presença de Deus, meu menino é o menino que vive em qualquer um dos lares desse planeta e, onde quer que ele esteja, viverei.

O anjo apenas sorriu e ficou desfrutando com Deus daquela brincadeira de criança.

Enrique Villarreal Aguilar

Um filho é alegria constante, é uma extensão dos sentimentos onde se reflete nosso amor pela vida, é um turbilhão que nos arrasta pelo caminho da felicidade, é aquele garoto que nos leva a recordar que um dia tivemos sua idade e que, como ele, desejávamos todos aqueles brinquedos, devorar todos aqueles pastéis, brincar nos sofás, correr, saltar. Sobretudo, só queríamos ser felizes! Há momentos em que é tão bom brincar de ser criança!

Quanto mais felizes são os tempos, mais depressa passam.

Anônimo

Sirva a Deus, que serve a suas criaturas.

Caroline Sheridan Norton

Trate bem a Terra. Não lhe foi dada por seus pais... seus filhos emprestaram-na a você.

Provérbio queniano

Deus e os pais inválidos

Deus acabara de dar um lindo filho para um casal de deficientes.

— Que lindo bebê! — disse Gabriel, o anjo da guarda desta linda criatura, e perguntou:

— Senhor, se esta família é composta por pessoas inválidas, não entendo por que manda-lhes filhos saudáveis. Talvez uma criança com as mesmas características deles se adaptasse mais fácil à vida deles.

Deus limitou-se a responder:

— É que temos um pacto.

O anjo voltou a interrogar:

— Um pacto? Não entendo, Senhor.

Deus sorriu e disse:

— É muito fácil. Há muitos anos, quando os pais do lindo bebê eram uns anjinhos, eu lhes disse: quando forem adultos terão filhos inválidos, os quais sofrerão os preconceitos de uma raça que não está acostumada a compartilhar com estas pessoas. Terão que se esforçar muito mais para levar seu alimento à boca, alguns os humilharão e inclusive serão rejeitados. E responderam: "Por favor, Deus, não faça isso a meus filhos, prefiro eu mesmo ter essa incapacidade."

"É por causa deste pacto que aquele bebê nasceu são, pois foram eles os que sofreram aquelas imperfeições físicas, porque seus corações e sentimentos estão mais próximos de mim.

O anjo limitou-se a observar esta linda família.

Enrique Villarreal Aguilar

Se pudéssemos escolher entre sofrer nós mesmos uma doença ou nossos filhos, certamente sua resposta seria: "Prefiro sofrer uma doença no lugar de meus filhos." O mais importante é que ninguém sofra. Deus nos deu a oportunidade de sermos saudáveis, de desfrutar de nossos sentidos, de gozar a vida. Regozije-se e agradeça os grandes dons que lhe foram proporcionados pelo Senhor.

Deus se interessa pelas pessoas através de outra pessoa.

Anônimo

O amor tudo sofre, tudo crê, tudo espera e tudo suporta.

Bíblia Sagrada — Coríntios

Viver feliz é um poder que reside na alma.

Marco Aurélio

A oração da mudança

Na juventude, eu era um revolucionário que desejava mudar a sociedade. Minha oração era:
— Senhor, dai-me forças para mudar o mundo.

Na medida em que fui me tornando adulto, dei-me conta de que havia passado metade de minha vida, sem ter conseguido mudar uma única alma e modifiquei minha oração. Comecei a dizer:

— Senhor, dai-me a graça de transformar a todos que entrarem em contato comigo, ainda que seja minha família e meus amigos; com isto dou-me por satisfeito.

Agora que estou velho e tenho os dias contados, comecei a compreender o quanto fui estúpido; minha única oração deveria ser:

— Senhor, dai-me a graça de mudar a mim mesmo. Se tivesse rezado deste modo desde o princípio, não teria desperdiçado minha vida.

Antiga parábola árabe

*A*s pessoas comuns costumam rezar para que todo mundo mude, para que lhe sejam tirados os obstáculos que se lhe apresentam. Sua vida consiste em pedir ajuda a Deus e reprovar a conduta dos outros. Quando se dão conta, percebem que estão em meio à frustração. As pessoas extraordinárias rezam para que Deus lhes dê a oportunidade de mudar a si mesmas. Os obstáculos que lhes aparecem são vistos como provas, como bênçãos; sua vida consiste em doar, e "conta comigo" são suas palavras favoritas. Quando percebem, encontram-se rodeadas de um sem-número de pessoas que as respeitam e querem imitá-las em meio à felicidade.

Se quiser mudar o mundo, comece por mudar a si mesmo.

Sócrates

Todo mundo pensa em mudar a humanidade, porém ninguém pensa em mudar a si mesmo.

Tolstoi

Aquele que quiser movimentar o mundo, mova-se primeiro.

Anônimo

O corpo de Deus

Deus resolveu descer à Terra e observar de perto o campo, contemplar a beleza e a harmonia da natureza. Encostou-se numa árvore e dormiu; depois de algumas horas uma risadinha levada o despertou. Era um menino de três anos de idade.

Deus apenas sorriu e perguntou ao garotinho:
— Olá! Como se chama?
O menino respondeu:
— Caíque. E você?
— Chamam-me Deus e sou seu amigo.
O menino sorriu, sentou-se junto ao seu novo amigo e perguntou:
— Deus, por que temos olhos?
E Deus respondeu:
— Temos olhos para observar a beleza da natureza, o sorriso de uma criança que faz perguntas, as pessoas que você ama compartilhando felizes com você, o menino que pede uma dinheiro que mal dá para comer, o ancião que precisa de carinho, o rico que precisa de misericórdia, o pobre que, mais do que moedas, necessita de respeito e carinho, o inválido que não precisa de compaixão mas de apoio. Temos olhos para ver além do que imaginamos ver.
E o menino questionou:

— Por que temos mãos e pés?

Deus respondeu:

— Para dar a mão a um necessitado; para correr em auxílio de quem pede ajuda; para oferecer um carinho ao doente e ser um apoio para o velho, para abraçar as pessoas que você ama, como o abraço; para caminhar na direção do amor e em busca da realização; para cerrar os punhos e lutar contra a injustiça; para acariciar um pássaro entre seus dedos e depois deixá-lo livre; para juntar suas mãozinhas e orar para Deus.

E o menino continuou:

— Por que temos boca?

Deus disse:

— Para dizer "te amo", "perdoe-me", "preciso de você", "conte comigo", "mamãe", "você é o que mais amo no mundo!", "obrigado por ser um amigo tão bom", "é o melhor marido do mundo!". Temos voz para expressar nossos sentimentos, para dizer ao mundo quem somos e o que pretendemos e, quando fazemos algo errado ou ruim, para dizer "desculpe" e também para dar graças a Deus porque nossas preces se tornaram realidade.

E o menino então perguntou:

— Por que temos ouvidos?

Deus respondeu:

— Para escutar o canto dos pássaros numa manhã no campo; para ouvir o menino que faz muitas perguntas; ter a maravilhosa sensação de sua amada ou seus filhos dizendo "te amo"; para entender o pobre que precisa de sua ajuda, o amigo que tem um problema, ou o avô que ficou abandonado em algum lugar e lhe diz que não quer ficar sozinho, que precisa de amor e companhia de um ente querido; para escutar a humanidade que aos brados pede "paz e amor a todos os homens de boa vontade".

Um beijo na bochecha foi o presente a Deus por aquela maravilhosa explicação. Uma pequena lágrima dava a sensação de que ele havia compreendido; um abraço selou o pacto dos dois, e um "te amo" demonstrou sua total aprovação por aqueles conselhos tão nobres. Naquela manhã o menino havia compreendido que todos somos dotados do "corpo de Deus".

Enrique Villarreal Aguilar

Alguma vez já refletiu sobre a perfeição de nosso corpo, sobre a sinergia que leva vários de nossos órgãos a realizar uma função específica, ou sobre a harmonia que existe na natureza? Você tem um corpo perfeito para alcançar seus propósitos, para expressar a seus entes queridos o quanto os ama, para observar seu caminho pela vida, para sentir o amor, cuide dele. Você tem o corpo de Deus.

Viva com os homens como se Deus o olhasse; converse com Deus como se os homens o ouvissem.

Sêneca

A oração é o caminho tanto para o coração de Deus como para o coração do mundo.

Henry J. M. Nouwen

Lute como se tudo dependesse de você e confie como se tudo dependesse de Deus.

Filosofia oriental

Hoje é Natal

— Hoje é Natal! — dizia o velho em plena primavera, para o espanto de meus irmãos e minha mãe.
— Mas, papai, o que você tem? Estamos em março, não vê que faltam muitos meses para essa data?
— Esse é que é o seu problema — respondia enquanto sorria como se quisesse me dar uma lição.
Eu, confuso, respondi:
— Não estou entendendo.
Meu pai, sempre sereno, explicou:
— O problema da maioria das pessoas é que só observam as datas, porém nunca analisam os acontecimentos, as lições que deixam. Hoje para mim é Natal ainda que estejamos em março, porque o Natal representa o nascimento de um novo ser, o amor, a união familiar, a mudança. Por que temos que esperar que chegue dezembro para valorizar o nosso semelhante? Por que temos que esperar para perdoar o nosso irmão?
"Hoje gostaria de mudar, de ser uma nova pessoa, para contemplar com alegria um novo dia e dar graças a Deus por permitir-me estar ao seu lado.
"Hoje estou disposto a realizar aquelas tarefas que todo dia deixava para amanhã e que nunca conseguia concluir.
"Hoje comprometo-me a ser empreendedor, amável, agradável e afável com todas as pessoas que me cercam.

"Hoje perdoarei meus defeitos e estou disposto a perdoar aos outros, tentando compreender meus semelhantes antes de julgá-los.

"Hoje pretendo escutar antes de falar, sorrir antes que alguém sorria para mim, dar e não esperar que me dêem, agir e não esperar que as coisas cheguem a mim por elas mesmas, pretendo ajudar antes que me ajudem.

"Hoje sinto como se Deus sorrisse para mim e me desse a esperança de uma nova vida, de um novo amanhecer: é o momento de seguir os passos do Senhor.

"Hoje é Natal porque Deus está comigo aqui e agora, não apenas no dia 25 de dezembro.

Passaram-se 15 anos desta conversa que mudou para sempre o destino de meu pai e de todos nós. Há um ano que o velho nos deixou e, a cada ano, em plena primavera, outono ou verão, digo a meus entes queridos:

— HOJE É NATAL.

Enrique Villarreal Aguilar

Diz uma famosa frase: "O Natal não é uma data, mas uma atitude perante a vida." O Natal é dar e não pedir, é a firme convicção de que Deus está conosco o ano inteiro, não apenas em dezembro; é fazer caridade para que nos sintamos bem, sem esperar uma recompensa; é estender a mão ao amigo e abrir o coração aos nossos semelhantes.

O espírito do Natal está sempre perto de nós; brilha como um farol por todo o ano. Não o busque, porque o dar e o compartilhar estão dentro de você.

Anônimo

Deus é amor. E a cada momento de amor verdadeiro vivemos em Deus e Deus em nós.

Paul Tillichi

Dar é apenas fazer o Natal de cada dia que chega como uma oportunidade de ajudar. Dar é fazer nossa alma festejar.

T. T. Frankenberg

Notas

A presente obra é a recompilação das mais belas parábolas, num conceito muito particular. As fontes das quais me utilizei foram as mais diversas, portanto, desejo aqui expressar minha gratidão a todos aqueles autores e editores que autorizaram os direitos para que incluísse suas histórias em meu livro.

Infelizmente, desconheço a fonte de algumas obras, porém, à medida que as conheça, serão acrescidos os créditos, de modo que agradeço desde já sua compreensão.

PRECISO DE UM ANJO
Enrique Villarreal Aguilar

A CRIANÇA E A TELEVISÃO
Enrique Villarreal Aguilar

UM PRESENTE PARA HEILI
Enrique Villarreal Aguilar

UMA ORAÇÃO PARA MEU FILHO
Enrique Villarreal Aguilar

OI, PAPAI, SOU SIMÃO
Enrique Villarreal Aguilar

O PARADIGMA DA RIQUEZA
Anônimo

QUERIDO FILHO
Enrique Villarreal Aguilar

QUERIDO FILHO
Ricardo Montalbán

UM BEBÊ
Enrique Villarreal Aguilar

A MACIEIRA
Anônimo

A MELHOR PARTIDA
Anônimo

"SOU APENAS UM MENINO!"
Enrique Villarreal Aguilar

A METADE DO COBERTOR
Enrique Villarreal Aguilar

MEU FILHO
Anônimo

EU MATEI MEU FILHO
Enrique Villarreal Aguilar

DIÁRIO INCOMPLETO
Anônimo

O VELHO
Enrique Villarreal Aguilar

SONHE
Enrique Villarreal Aguilar

ALTO! QUEM ESTÁ AÍ?
Tirado de:
Seu passaporte para o sucesso
F. Arthur Clark
Ed. F. Arthur Clark
3ª edição, janeiro de 1978

O SEMEADOR
Enrique Villarreal Aguilar

A CORDA DA VIDA
Anônimo

O CÉU E O INFERNO
Relato japonês tirado de:
La inteligencia emocional. Daniel Goleman, Javier Vergara, Editor. Grupo Zeta, 10ª edição, 1998.
(A inteligência emocional
Daniel Goleman, Ph.D.
Editora Objetiva, Rio de Janeiro, 1998)

O TESTAMENTO
Enrique Villarreal Aguilar

PARÁBOLA DOS DOIS MARES
Bruce Barton

O VELHO ALQUIMISTA
Enrique Villarreal Aguilar

POBREZA
Frank Crane

ONTEM, HOJE E AMANHÃ
Enrique Villarreal Aguilar

PARÁBOLA
Richard Bach
Tirado de:
Um instante... para ti
Elsa Sentíes e Rafael Martín del Campo
Ed. Xóchitl 32ª edição

ESTOU FARTO!
Enrique Villarreal Aguilar

COMO FRACASSAR NA VIDA
Enrique Villarreal Aguilar

O RICO COMERCIANTE E O ANCIÃO MISERÁVEL
Anônimo
Tirado de:
As sementes do semeador
Brian Canavaugh
Panorama Editorial

QUE SORTE!
Enrique Villarreal Aguilar

NÃO POR SER MEU CHEFE
Enrique Villarreal Aguilar

REALMENTE NUNCA SABEMOS COMO PODEMOS MARCAR A VIDA DE MAIS ALGUÉM
Anônimo

OS GERENTES
Enrique Villarreal Aguilar

A CORRIDA
Anônimo

O CLIENTE
Enrique Villarreal Aguilar

A ESTACA
Anônimo

A MAGIA DO LIVRO
Enrique Villarreal Aguilar

OS PRAZERES DE UM DISSIDENTE
Lin Yutang

NA FALA ESTÁ A DOAÇÃO
Anônimo
Tirado de:
O bem que você faz retorna
J. P. Vaswani
Ed. Panorama

ATREVA-SE A SER FELIZ
Enrique Villarreal Aguilar

ENTREVISTA COM DEUS
Anônimo

MULHER
Enrique Villarreal Aguilar

PRIMEIRO DAR
Anônimo

OS PASSOS DO SENHOR
Enrique Villarreal Aguilar

O JUÍZO
Enrique Villarreal Aguilar

DIÁLOGO
Elvia Rodríguez Cicerol
Tirado de:
Um instante... para ti
Elsa Sentíes e Rafael Martín del Campo
Ed. Xóchitl 32ª edição

UM MENINO
Enrique Villarreal Aguilar

DEUS E AS MÃES
Anônimo

O RICO COMERCIANTE E O ANCIÃO MISERÁVEL
Anônimo
Tirado de:
As sementes do semeador
Cavanaugh, Brian
Panorama Editorial

A MARATONA DO CONDADO DE BROWN
Denis Waitley

O VALOR DE UM SORRISO
Frank Irving Fletcher
Tirado de:
Um instante... para ti
Elsa Sentíes e Rafael Martín del Campo
Ed. Xóchitl 32ª edição

O TESOURO OCULTO
William H. Danforth
Tirado de:
Um instante... para ti
Elsa Sentíes e Rafael Martín del Campo
Ed. Xóchitl 32ª edição

DIÁLOGO
Elvia Rodríguez Cicerol
Tirado de:
Um instante... para ti
Elsa Sentíes e Rafael Martín del Campo
Ed. Xóchitl 32ª edição

Este livro foi composto na tipologia Carmina
Lt Bt, em corpo 11/16 e impresso em papel
offset 90g/m² no Sistema Cameron da
Divisão Gráfica da Distribuidora Record.